EUROPA-FACHBUCHREIHE
für wirtschaftliche Bildung

W0201360

Betriebswirtschaftliche Steuerung und Kontrolle

für Wirtschaftsschulen

Arbeitsbuch

8. Klasse

B. Krause R. Krause

VERLAG EUROPA-LEHRMITTEL
Nourney, Vollmer GmbH & Co. KG
Düsselberger Straße 23
42781 Haan-Gruiten

Europa-Nr.: 83159

Impressum

Autoren:

Brigitte Krause	Beraterin von klein- und mittelständischen Unternehmen
Dr. Roland Krause	Lehrkraft an der Wirtschaftsschule Gester gemeinnützige Schulbetriebs-GmbH Dozent in der Erwachsenenbildung

Illustrationen: Brigitte Krause, Dr. Roland Krause

1. Auflage 2015
Druck 5 4 3 2 1

Alle Drucke derselben Auflage sind parallel einsetzbar, da sie bis auf die Behebung von Druckfehlern untereinander unverändert sind.

ISBN 978-3-8085-8315-9

Alle Rechte vorbehalten. Das Werk ist urheberrechtlich geschützt. Jede Verwertung außerhalb der gesetzlich geregelten Fälle muss vom Verlag schriftlich genehmigt werden.

© 2015 by Verlag Europa-Lehrmittel, Nourney, Vollmer GmbH & Co. KG, 42781 Haan-Gruiten
Umschlag und Satz: Typework Layoutsatz & Grafik GmbH, 86167 Augsburg
Umschlagkonzept: tiff.any GmbH, 10999 Berlin
Umschlagfoto: © sergey_p – Fotolia.com
Druck: Triltsch Print und digitale Medien, 97199 Ochsenfurt-Hohestadt

Inhaltsangabe

LB 1 Sich einen Einblick in die Arbeitswelt verschaffen

LB 2 Eine Veranstaltung zum Erfolg führen

LB 3 In einem kleinen, regional tätigen Unternehmen erfolgreich agieren

Inhaltsangabe

 © Verlag Europa-Lehrmittel

LB 1 Sich einen Einblick in die Arbeitswelt verschaffen

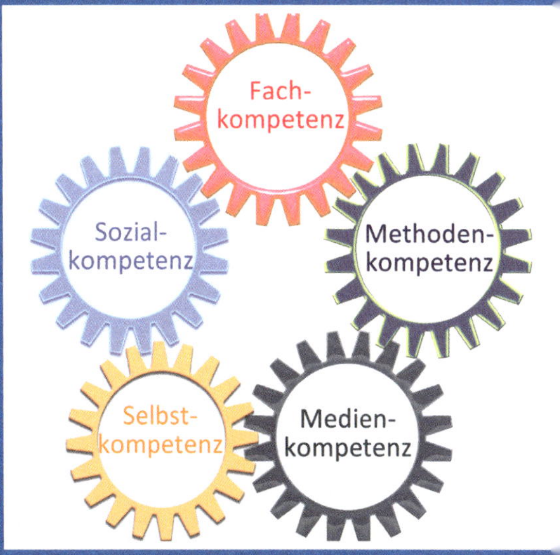

Sich einen Einblick in die Arbeitswelt verschaffen

1 Einführung in die Berufswelt

Aufgabe

1. Ordnen Sie der Maslowschen Bedürfnispyramide die Begriffe aus der Wortwolke zu.

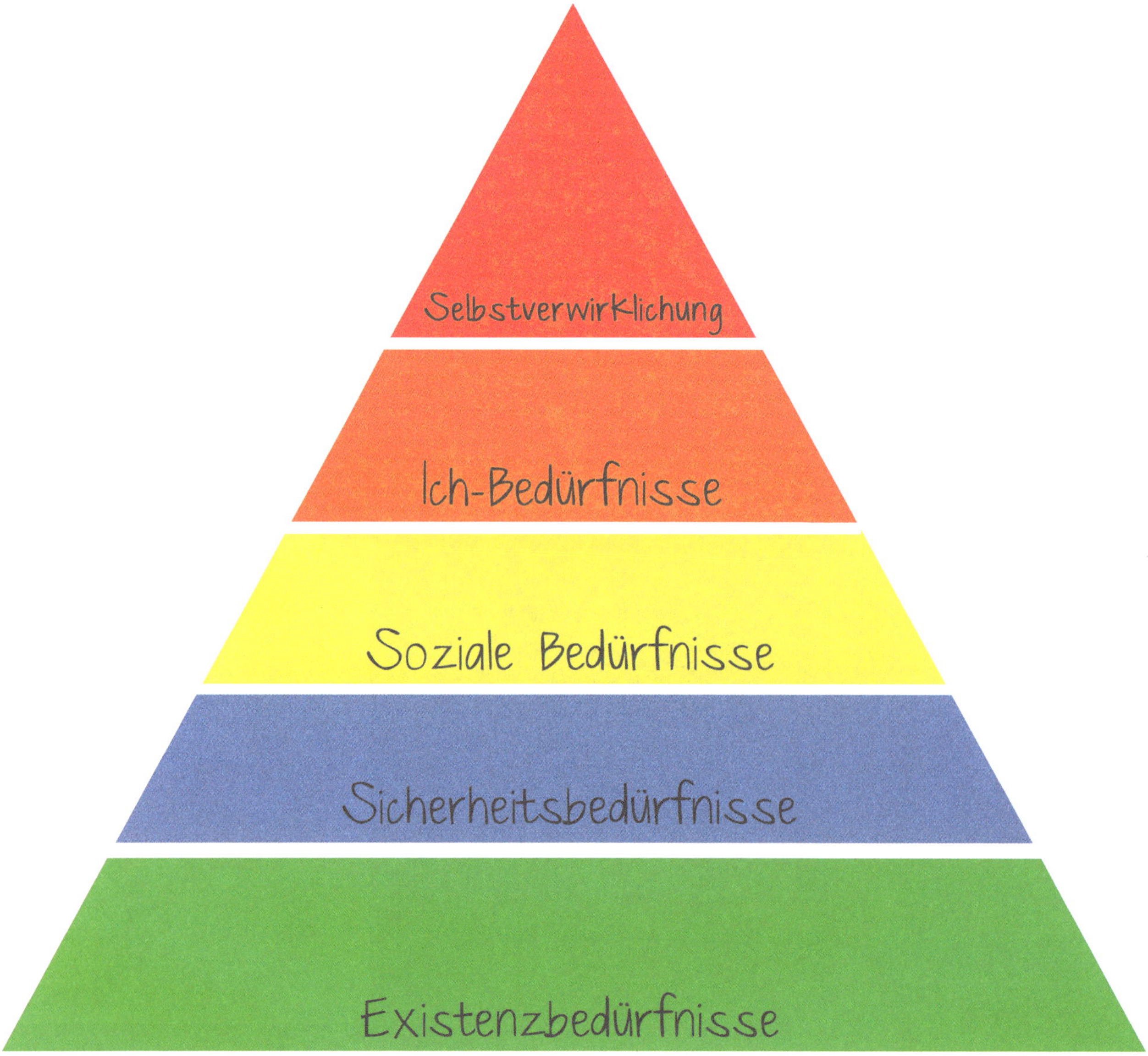

2 Berufsorientierung

2.1 Berufsfelder erkunden

Neben Eltern, Freunde und Schule stehen Ihnen kompetente Ansprechpartner für Ihre Berufsorientierung zur Seite. Diese sind die ______________________________

____

____

____

Aufgaben

1. Besuchen Sie die Internetseite http://portal.berufe-universum.de/.
   a) Führen Sie das berufliche Selbsterkundungsprogramm durch.
   b) Reflektieren und bewerten Sie Ihre gewonnenen Erkenntnisse in der Klasse.

Notizen ______________________________

____

____

____

____

____

____

2. Besuchen Sie den Internetauftritt des Berufsinformationszentrums der Bundesagentur für Arbeit und verschaffen sich einen ersten Überblick über das Angebot des BiZ.

3. Projekt „Informationstag im Berufsinformationszentrum der Bundesagentur für Arbeit"
   a) Planen und realisieren Sie den Besuch des Berufsinformationszentrums in Ihrer Nähe.
   b) Erkunden Sie im Vorfeld die 16 Berufsfelder der Bundesagentur für Arbeit und treffen für sich selbst eine Vorauswahl von drei Berufen.

Notizen ______________________________

____

____

____

____

____

____

   c) Sammeln Sie im BiZ alle relevanten Informationen zu Ihren drei ausgesuchten Berufen.
   d) Arbeiten Sie den Besuch des Berufsinformationstages nach.
   Bilden Sie hierzu Gruppen mit den gleichen Berufen und erstellen Berufssteckbriefe in Form von Plakaten. Präsentieren Sie diese der Klasse.

 © Verlag Europa-Lehrmittel

Die Anforderungen an einen Beruf bestehen nicht nur aus fachlichen Fähigkeiten und Fertigkeiten. Vielmehr werden zusätzliche Kompetenzen gefordert. Diese bezeichnet man als

______________________ welche, wie in einem Uhrwerk ineinandergreifen.

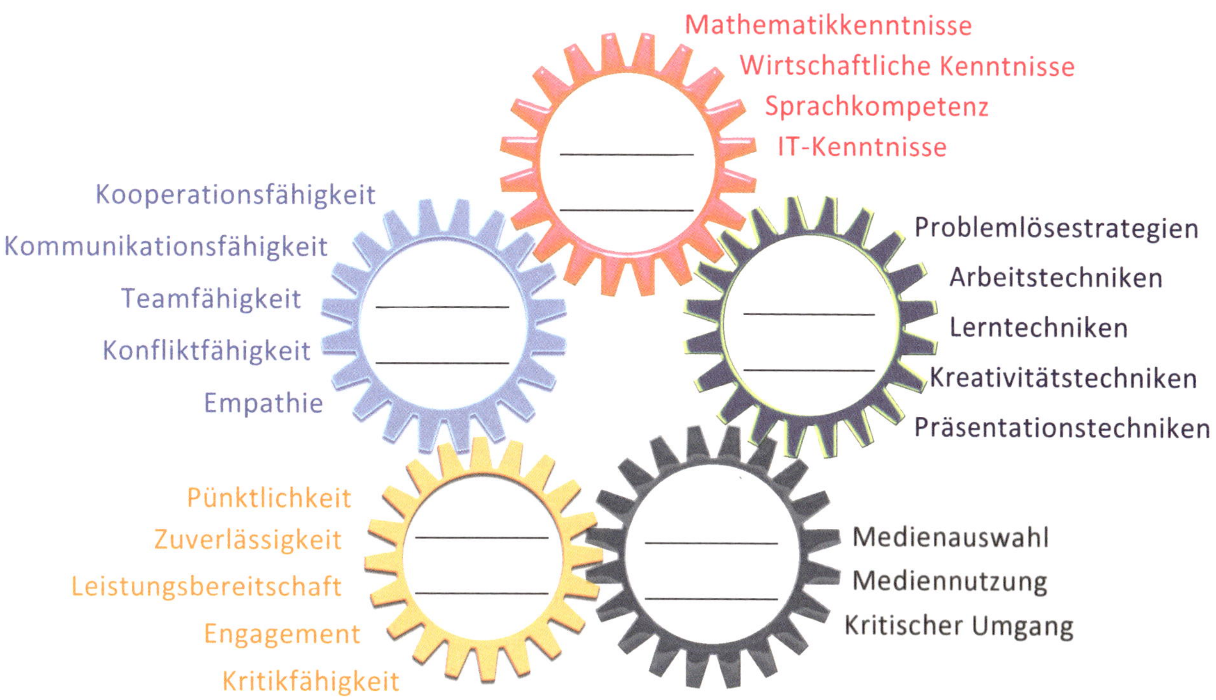

Aufgaben

1. Diskutieren Sie in der Klasse, welche dieser Kompetenzen in der Schule vermittelt werden.

2. Sammeln Sie Vorschläge, wie Schlüsselqualifikationen in der Schule und zu Hause erlernt und gefördert werden können.

____

____

____

____

____

____

____

____

© Verlag Europa-Lehrmittel

3. Finden Sie konkrete Beispiele, an denen man bei Ihnen obengenannte Kompetenzen erkennen kann.

4. Kreuzworträtsel

Lösen Sie das folgende Kreuzworträtsel.
Gesucht sind neun Ausprägungen der Selbst- und Sozialkompetenz.

1. Mit Streitigkeiten umgehen können
2. Kritische Anmerkungen akzeptieren
3. Sich auf jemand verlassen können
4. Zeitabsprachen einhalten
5. Sich in andere Menschen hineinversetzen können
6. Alle für einen, einer für alle
7. Bereitschaft, sich für etwas einzusetzen
8. Sich passend ausdrücken können
9. Bereitschaft, in der Gruppe zu arbeiten

 © Verlag Europa-Lehrmittel

5. Nachfolgende Stellenanzeigen beinhalten Kompetenzen.
Finden Sie heraus, welche von den Unternehmen gefordert werden und heben diese in den Anzeigen farbig hervor.

CompuBig AG

Sie machen ab dem 01.09... eine Ausbildung bei der CompuBig AG als

Medienkauffrau/-mann Digital und Print

Als Medienkauffrau/-mann arbeiten Sie in den Bereichen Entwicklung und Umsetzung von Marketingkonzepten und beraten unsere Kunden in Marketing und Vertrieb über Medienprodukte oder Dienstleistungen des Unternehmens.

Sie überzeugen mit Kommunikationsstärke, Flexibilität und verfügen über einen mittleren Bildungsabschluss.

Für weitere Fragen vorab, steht Ihnen Frau Bernadette Lian telefonisch unter der Rufnummer 08621 1256 0 gerne zur Verfügung.

Ihre Bewerbungsdaten erbitten wir per E-Mail an HR@compubig.com.

CompuBiG AG
Personalabteilung
Landstr. 13 - 19
83308 Trostberg

SPORT BOARD & FUN

Ab September .. bieten wir folgenden Ausbildungsplatz an:

Kaufmann/-frau im Einzelhandel

Als Kauffrau und Kaufmann im Einzelhandel bist Du ständig im Kontakt mit unseren Kunden.
Zur optimalen Beratung zählt für uns neben einem freundlichen Umgang auch die Begeisterung für Trendsportarten.
Um unseren Kunden immer die besten und aktuellsten Produkte anbieten zu können, musst Du neben dem Verkauf auch kaufmännische Aufgaben erledigen, wie beispielsweise die Bedarfsermittlung und Beschaffung unseres Angebots.

Wir erwarten

- einen erfolgreichen Schulabschluss (Mittlere Reife),
- Verantwortungsbewusstsein, Einsatzbereitschaft und Organisationstalent,
- Freude an neuen Herausforderungen und Lernbereitschaft,
- Interesse an kaufmännischen Zusammenhängen,
- Offenheit im Umgang mit Menschen,
- positive Ausstrahlung und ein serivceorientiertes Auftreten.

Deine schriftliche Bewerbung sende bitte an

Sport Board & Fun KG
Lilienweg 1
10115 Berlin
Telefon +49 (0)30 12 12 - 12

Oder gerne per E-Mail: info@boardandfun.de

Ristorante Lorenzo Fettucini

★★

Gewinner des goldenen Schöpflöffels 2010

Wir wünschen uns Sie als Auszubildende/r

Koch/Köchin

Sie haben den Wunsch, in einem renommierten Restaurant den Beruf der Köchin bzw. des Kochs zu erlernen und verfügen über einen erfolgreichen mittleren Schulabschluss.
Sie sind kreativ, haben Spaß am Kochen, Interesse am Umgang mit Lebensmitteln und arbeiten gerne im Team.
Sie zeigen Einsatzbereitschaft, sind flexibel und haben ein freundliches und korrektes Erscheinungsbild.

Wir bieten Ihnen eine ganz besondere Ausbildung zum/r Koch/Köchin, in welcher Ihnen auch die Chance geboten wird, auf exklusiven Events mitzuwirken.

Wollen Sie mit uns Ihre berufliche Karriere starten?
Dann erwarten Sie nette Kolleginnen und Kollegen und eine Ausbildung der besonderen Art.

Überzeugen Sie uns mit Ihren vollständigen Bewerbungsunterlagen per E-Mail.

Ristorante Lorenzo Fettucini
Herrn Lorenzo Fettucini
Stadtplatz 13
84049 Ingolstadt

info@fettucini.de

GOGGI KARTFUN GMBH

Know-How und Innovation im Kartsport

Als mittelständisches Unternehmen entwickeln und produzieren wir innovative Karts für den Freizeit- und professionellen Racingbereich.

Starten Sie Ihre Karriere in einem kundenorientierten Unternehmen mit einer Ausbildung zum/zur

Industriekaufmann/-frau

Sie ...

- verfügen über einen erfolgreichen Abschluss einer Wirtschaftsschule,
- haben Interesse an kaufmännischen Prozessen,
- sind es gewohnt, selbstständig zu arbeiten,
- sind engagiert, motiviert und haben Spaß am Motorsport und
- sehen Teamarbeit und Serviceorientierung als Selbstverständlichkeit an.

Konnten wir Ihr Interesse wecken?
Dann freuen wir uns auf Ihre vollständigen Bewerbungsunterlagen, welche Sie uns auch gerne per E-Mail zusenden können.

Goggi Kartfun GmbH
Herrn Constantin Vitus
Hauptstrasse 11
803899 Irgendwo
personal@funsport4you.de

2.2 Einblicke in die Berufswelt gewinnen

Digitale Informationsbeschaffung und Schülerpraktika in den Unternehmen sind ideale Instrumente, um tiefergehend die Berufswelt zu erkunden.

Projekt „Besuch einer Berufsschule“

1. Recherchieren Sie auf nachfolgenden Internetseiten Ihre favorisierten Ausbildungsberufe.

→ BERUFENET (http://berufenet.arbeitsagentur.de)

→ BERUFE.TV (http://www.berufe.tv)

→ planet-berufe.de (http://www.planet-beruf.de)

2. Erstellen Sie einen Katalog aus Fragen, welche sich aus Ihrer Recherchetätigkeit ergeben haben.
3. Planen und realisieren Sie einen Besuch in Ihrer nächstliegenden Berufsschule.
4. Schließen Sie sich in „Berufsgruppen“ zusammen und interviewen (z. B. in Form eines Podcasts oder Videos) die Auszubildenden bzw. die Berufsschüler zu Ihren Fragen.
5. Stellen Sie Ihre Arbeit der Klasse vor.

Projekt „Besuch einer Berufsbildungsmesse“

1. Recherchieren Sie im Internet nach regionalen und überregionalen Berufsbildungsmessen.
2. Planen und realisieren Sie den Besuch der von der Klasse ausgesuchten Berufsbildungsmesse.
3. Diskutieren Sie im Nachgang zum Messebesuch Ihre Eindrücke und berichten über Ihre Kontaktaufnahmen zu den unterschiedlichen Unternehmen.

Projekt „Schülerpraktikum“

1. Erstellen und pflegen Sie in Zusammenarbeit mit dem Fach Informationsverarbeitung zentral eine Datenbank, bestehend aus Unternehmen mit Adresse, Telefonnummer und Ansprechpartner, welche zu Ausbildungsberufen im Vorfeld ein Betriebspraktikum anbieten.
2. Bewerben Sie sich für ein Betriebspraktikum.
3. Präsentieren Sie Ihren Praktikumsbetrieb in geeigneter Form.
4. Absolvieren Sie Ihr Praktikum und verfassen abschließend einen Praktikumsbericht.

 © Verlag Europa-Lehrmittel

3 Umgangsformen und Verhaltensregeln

Aufgaben

Der Knigge

Synonym und Ausdruck für gutes Benehmen

1. Diskutieren Sie in Ihrer Klasse diese Aussage.

2. Was bedeutet gutes Benehmen und Höflichkeit für Sie?
   Notieren Sie hierzu drei Beispiele.

Pünktlichkeit und Zuverlässigkeit

Neben gutem Benehmen und einer positiven Arbeitshaltung sind Tugenden wie beispielsweise Pünktlichkeit und Zuverlässigkeit wichtige Punkte, die nicht nur bei Auszubildenden gerne gesehen werden. Diese Eigenschaften zeigen die ____________________, die man einer Person entgegenbringt oder einer Situation beimisst.

© Verlag Europa-Lehrmittel

Aufgaben

1. Betrachten Sie nachfolgende Situationen.
Diskutieren Sie in der Klasse, welche Wertschätzung die beteiligten Personen erfahren und welche Konsequenzen eine Verspätung haben kann?

2. Ava und Noah sind auf dem Weg zur Goggi Kartfun GmbH. Sie haben sich dort für ein Betriebspraktikum beworben und besprechen sich heute zum ersten Mal mit dem Ausbilder, Herrn Fischer. Sie wollen nichts dem Zufall überlassen und für den Weg dorthin die Straßenbahn nehmen.
Und nun das! Direkt vor ihrer Nase fährt sie davon.
Noah: „Das können wir knicken. Das Praktikum hat sich von selbst erledigt. So ein Mist!“
Ava: „Das kann doch mal passieren. Wenn wir die nächste Bahn nehmen, verspäten wir uns um maximal 10 Minuten.“
Noah: „Glaubst du, Herr Fischer hat nichts Besseres zu tun, als auf uns zu warten?“
Ava: „Er hat sicherlich Besseres zu tun, aber wenn wir ihm Bescheid geben, ist das vielleicht etwas anderes. Ich ruf ihn gleich an. Seine Telefonnummer habe ich vorsorglich in meinem Handy gespeichert.“

...
Noah: „Und was hat Herr Fischer gesagt?“
Ava: „Er fand es gut, dass wir angerufen und ihn informiert haben. Dass man einmal zu spät kommt, könne passieren, aber mit unserem Anruf würden wir ihm zeigen, dass uns etwas am Praktikum liegt. Außerdem fand er es sehr angenehm, dass ich ganz offen von unserem Missgeschick berichtet und keine Entschuldigung bzw. Ausreden erfunden habe.“ ...

a) Markieren Sie farblich, wie sich Ava und Noah richtig verhalten haben.

b) Sind auch Sie schon einmal gestresst in letzter Minute zu einem Termin gekommen oder haben sich gar verspätet?
Schreiben Sie auf, welche Auswirkungen dies auf den Termin bzw. auf das Gespräch gehabt hat.

____

____

____

____

____

____

____

____

____

____

Kritik- und Konfliktfähigkeit

Kritik soll dazu führen, ein bestimmtes Verhalten zum Besseren zu verändern. Wichtig dabei ist, ____

____.

Eine Ursache, die häufig einem Konflikt vorausgeht, ist eine Kritik, die ______________ ______________ oder ______________________________ wird.

Viele Menschen reagieren auf Kritik entweder ____________________ oder ____________________. Dies erschwert den Umgang miteinander und jede Form von Kommunikation erheblich.

Wie man mit Kritik umgeht, hängt sehr stark von der Art und Weise ab, ______________ ______________________________.

Kritik ist ein Feedback auf ein fehlerhaftes Verhalten ____________________ ______________________________.

© Verlag Europa-Lehrmittel

Aufgaben

1. Max ist richtig sauer. Schon wieder ist er von seinem Ausbilder kritisiert worden.

   a) Fassen Sie zusammen, welche Fehler der Ausbilder im nebenstehenden Bild begangen hat.

   b) Unterbreiten Sie Vorschläge, wie die Kritik zielführender und somit positiver angekommen wäre.

 © Verlag Europa-Lehrmittel

2. Finden Sie für nachfolgende Äußerungen passende positive Ich-Botschaften:

Dein Zimmer ist ein richtiger Saustall. ______________________________

____

Unterbrich mich nicht immer. ______________________________

____

Du drückst dich unverständlich aus. ______________________________

____

Dein Vorschlag ist Unsinn. ______________________________

____

Ständig möchtest du Recht haben. ______________________________

____

Teamarbeit und Arbeitsgruppen in der Praxis

Die Arbeit im Team ist zu einem großen Prozentsatz ______________________________.

Die Teammitglieder müssen daher ein hohes Maß an Kommunikationsfähigkeit mitbringen. Um erfolgreich als Team zu arbeiten und gemeinsam Ziele zu erreichen, ist es wichtig, dass alle Teammitglieder nicht nur an der Problemlösung, sondern auch an ______________

______________ mitarbeiten. Dabei kann es unter Umständen unumgänglich sein, die

____________________ zu unterdrücken und zuverlässig am Gesamtziel festzuhalten.

Aufgaben

1. Finden Sie für die folgenden Bereiche jeweils zwei Beispiele für Teamarbeit und notieren Sie diese.

Privatleben: ______________________________

____

Schule: ______________________________

____

Arbeitsleben: ______________________________

____

© Verlag Europa-Lehrmittel

2. Auf Seite 11 wird von Handlungskompetenz und Schlüsselqualifikationen gesprochen. Teamfähigkeit ist die Grundvoraussetzung, um im Team gemeinsam erfolgreich arbeiten zu können.
Überprüfen Sie anhand der Abbildung auf Seite 11, welche Schlüsselqualifikationen dafür notwendig sind.

____

____

____

____

____

Gruppennormen

Die Normen, die sich in Gruppen herausbilden, dienen der gemeinsamen Orientierung bzw.

der ______________________________.

Diese Normen beeinflussen nicht nur den Arbeitsplatz, sondern können tatsächlich identitätsstiftend sein und bis in das Privatleben hineinreichen.

Aufgaben

1. Finden Sie Beispiele für Gruppennormen. Untersuchen Sie dabei Ihren Freundeskreis und Gruppen an Ihrer Schule und notieren Ihre Beispiele.

____

____

____

____

2. Führen Sie mit Ihrer Klasse ein Brainstorming durch.
Thema: Welche Normen und Regeln kommen im Arbeitsleben auf jeden Einzelnen und somit auch auf Sie zu?
Notieren Sie Ihre Ergebnisse.

____

____

____

____

 © Verlag Europa-Lehrmittel

3. Welche Vor- und Nachteile sind durch die Arbeit in Gruppen gegeben.
Tragen Sie diese in die unten stehende Tabelle ein.

Vorteile	Nachteile

 © Verlag Europa-Lehrmittel

LB 2 Eine Veranstaltung zum Erfolg führen

Eine Veranstaltung zum Erfolg führen

1 Projektarbeit

Arbeitsaufträge

1. Führen Sie ein Brainstorming zur Ermittlung Ihres diesjährigen Projektthemas durch.

2. Erstellen Sie die sachliche und zeitliche Planung Ihres Projekts.
   Strukturieren Sie Ihr Projekt anhand nachfolgender Pläne, welche Sie in Zusammenarbeit mit dem Fach Informationsverarbeitung digital erstellen:
   - → Projektstrukturplan
   - → Meilensteinplan
   - → Projektablaufplan

3. Führen Sie die geplante Veranstaltung durch.

4. Reflektieren Sie im Nachgang an die Veranstaltung positive und negative Eindrücke aus Ihrer Projektarbeit.

5. Füllen Sie abschließend den Reflexionsbogen „Rattenrad“ aus.

Bewertungskriterien für den Reflexionsbogen:

- → War das Projekt ausreichend sachlich geplant?
- → War die Meilensteinplanung realistisch?
- → Konnte ich mit konstruktiver Kritik umgehen?
- → Wurden die Arbeitspakete gerecht aufgeteilt?
- → Wie beurteile ich mein eigenes Engagement in der Arbeitsgruppe?
- → Wir beurteile ich das Engagement der anderen Gruppenmitglieder?
- → Hat das Projekt Spaß gemacht?
- → Wurde das Projektziel erreicht?

 © Verlag Europa-Lehrmittel

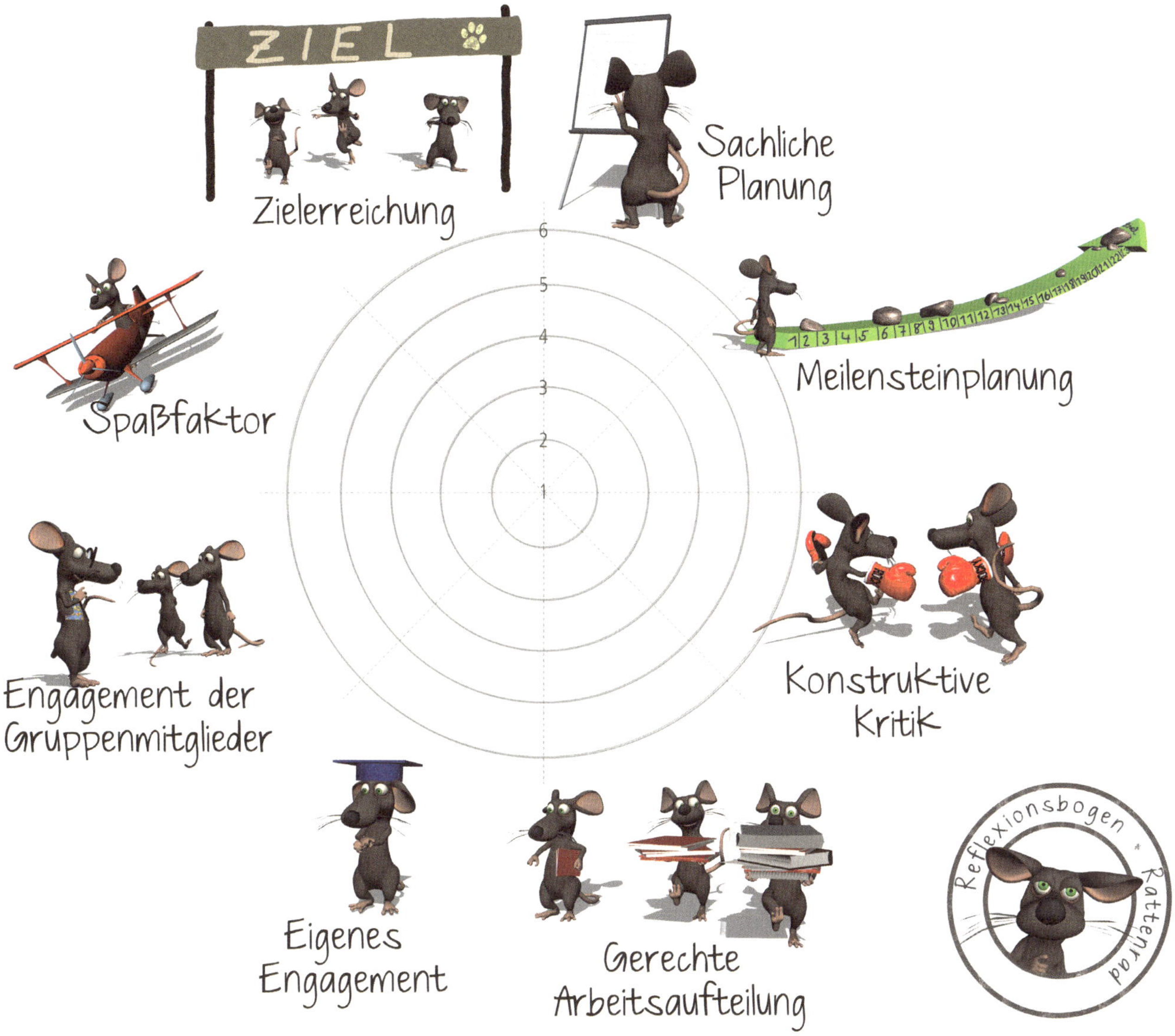
ZIEL
Zielerreichung
Sachliche Planung
Meilensteinplanung
Spaßfaktor
Konstruktive Kritik
Engagement der Gruppenmitglieder
Eigenes Engagement
Gerechte Arbeitsaufteilung
6
5
4
3
2
1
Reflexionsbogen • Rattenrad

Notizen ____

____

____

____

____

____

____

LB 3 In einem kleinen, regional tätigen Unternehmen erfolgreich agieren

© Verlag Europa-Lehrmittel

In einem kleinen, regional tätigen Unternehmen erfolgreich agieren

Modellunternehmen I: Goggi Kartfun GmbH, Hauptstr. 11, 83899 Irgendwo

Es hat einige Zeit gedauert, bis das Unternehmen Goggi Kartfun GmbH dieses Betriebsgebäude sein Eigen nennen konnte. Herr Constantin Vitus ist Gründer des Unternehmens und ein absoluter Spezialist in der Herstellung und im Handel von Karts und Kartzubehör.

Zum Sortiment zählen eigene Erzeugnisse wie Karts und Handelswaren wie Helme, Rennbekleidung, Funktionsbekleidung, Ersatzteile usw.

Das Unternehmen beschäftigt derzeit 39 Mitarbeiter. Darunter befinden sich fünf Auszubildende und seit geraumer Zeit auch die Praktikanten Adriana und Fridolin.

Beide sind Schüler an einer Wirtschaftsschule und möchten ihr Hobby, den Kartsport, in ihren beruflichen Werdegang mit einbauen.

 © Verlag Europa-Lehrmittel

Die Goggi Kartfun GmbH arbeitet mit zwei Banken:

Bankhaus Muck,
Irgendwo,
IBAN DE13 7119 1000 0007 7224 25,
BIC COVIDE1KXXX

Bankhaus Money,
Irgendwo,
IBAN DE77 7022 0177 0002 5566 77,
BIC VICODE2KXXX

Zu den Stammlieferanten und -kunden zählen folgende Unternehmen:

Lieferanten (Kreditoren)

440001	Motorenwerke Knatter AG, Zwieselweg 7 – 12, 94032 Passau
440002	Minicooper Seidl GmbH, Rudolf-Diesel-Ring 4, 83329 Waging am See
440003	Bigophone AG, Schwarzau 10, 86310 Savin
440004	Pear Computers Ltd., Seeweg 12, 83899 Irgendwo
440005	Formenbau Schnittig KG, Uferstr. 44, 71032 Böblingen
440006	Rennmode Firenze Ltd., Oskar-Zeip-Str. 13, 80331 München
440007	Büromöbel Hein e. K., Karksstr. 1, 83022 Rosenheim
440008	Reifen Günter Gummi e. K., Radweg 16, 85562 Neusäß
440009	Yelmo GmbH, Gewerbepark 345, 90402 Nürnberg
440010	Bürobedarf Stilus KG, Balanstraße 21, 83899 Irgendwo
...	...

Kunden (Debitoren)

240001	Kartbahn Speedy e. K., Gewerbestr. 34, 83899 Irgendwo
240002	Mayer Racing GmbH, Romanstraße 2, 90402 Nürnberg
240003	Kart-Racing-Center Rosenheim OHG, Fallstraße 6, 83022 Rosenheim
240004	Kartbahn Schweiger e. K., Gärtnerplatz 22, 97070 Würzburg
240005	Doll Karts Versandhandel GmbH, Marsstr. 4, 87700 Memmingen
240006	RR-Kartpalast GmbH, Hochstraße 3, 94315 Straubing
...	...

Modellunternehmen II: Sport Lilly e. K., Am Stadtplatz 12, 84049 Ingolstadt

Inhaberin des klassischen Sportfachhandels ist Frau Lilly Chorrera.

Das Unternehmen führt ein breites Sortiment namhafter Hersteller in den Bereichen Fitness, Golf, Outdoor, Teamsport und Wintersport.

Frau Chorrera beschäftigt 13 Mitarbeiter, darunter eine Auszubildende und natürlich auch Fridolin, ihren Neffen, als Aushilfe.

Neben dem täglichen Ladengeschäft betreibt Frau Chorrera einen Onlineshop, welcher mittlerweile 40 % ihres Umsatzes erwirtschaftet.

Sport Lilly e. K. führt bei folgenden Banken ein Kontokorrentkonto:

Bankhaus Muck,
Ingolstadt,
IBAN DE12 7215 0110 0000 6167 17,
BIC COVIDE1LCDF

Bank12 AG,
Ingolstadt,
IBAN DE12 7215 0209 0005 0123 67,
BIC AMERDE1JLLA

Zu ihren Stammlieferanten zählen:

Lieferanten (Kreditoren)

...	...
440015	Bergziege GmbH, Bergweg 12, 82467 Garmisch-Partenkirchen
440016	Vilis Boards GmbH, Zellweg 1, 80331 München
440017	BQ International GmbH, Wunderweg 13, 83700 Rottach-Egern
440018	Xonx Golf AG, Tivolistr. 12, 94227 Zwiesel
440019	Cheetah Sportschuhe AG, Römerstr. 44, 93047 Regensburg
440020	Battido Racketsport GmbH, Gewerbepark 13, 85219 Dachau
440021	Luedi Skates GmbH, Balanstr. 4, 86150 Augsburg
440022	Inneneinrichtung Smack KG, Simetsbichl 1, 84518 Garching an der Alz
...	...

Neben der „Laufkundschaft“ hat sie folgende Stammkunden:

Kunden (Debitoren)

...	...
240012	TC Schmetterball e. V., Am Platz 13, 84049 Ingolstadt
240013	Fitness-Studio Mucki e. K., Waldweg 9, 90402 Nürnberg
240014	SV Moorwald e. V., Am Sportplatz 1, 91052 Erlangen
240015	TUS Ingolstadt e. V., Kaisheimer Str. 22, 84049 Ingolstadt
240016	FC Manching e. V., Feisengelder Str. 6, 85077 Manching
240017	Sportfreunde Schrobenhausen e. V., Hochstraße 3, 86529 Schrobenhausen
...	...

Modellunternehmen III: Vilis Boards GmbH, Zellweg 1, 80331 München

Geschäftsführende Gesellschafter des Unternehmens sind Lisa Krause und Constantin Krause.

Mit seinen 24 Mitarbeitern produziert das Unternehmen für den Wintersportbereich Carver, Skibikes und Snowboards und für die Sommersaison Wake-, Surf- und Skateboards. Abgerundet wird das Verkaufssortiment mit hochwertiger Sportbekleidung.

Die Sportgeräte werden in Werkstattfertigung mit einem hohen Anteil an Handarbeit produziert. Bereits in Forschung und Entwicklung legt das junge Unternehmen großen Wert auf Qualität und Umweltschutz. Es ist EMAS zertifiziert.

Der Verkauf der Produkte erfolgt neben dem Sportfachhandel über den eigenen Onlineshop. Kundenorientierung und umfangreiche Serviceleistungen sind gelebtes Selbstverständnis.

Die Vilis Boards GmbH führt nachfolgendes Kontokorrentkonto:

Bank4u,
München,
IBAN DE12 7011 0707 0001 0392 28,
BIC PISCIDE7LCKR

Bank4u

Zu ihren Stammlieferanten zählen:

Lieferanten (Kreditoren)

440001	Greenwood GmbH, Holzweg 17, 82481 Mittenwald
440002	Plastik AG, Pater Niemöller Str. 66, 82234 Weßling
440003	Carbo-Tex OHG, Einsteinstr. 3, 97421 Schweinfurt
440004	Chemoxy GmbH & Co. KG, Fichtenweg 9, 86529 Schrobenhausen
440005	Adamas KG, Moorbach 23, 83620 Feldkirchen-Westerham
440006	Blocco GmbH, Maienstr. 145, 79199 Kirchzarten
440007	Emulsivo AG, Benzstr. 41, 91717 Wassertrüdingen
...	...

Neben privaten Kunden arbeitet das Unternehmen mit folgenden Wiederverkäufern zusammen:

Kunden (Debitoren)

240001	Sport Lilly e. K., Am Stadtplatz 12, 84049 Ingolstadt
240002	Sportecke Tim Huber GmbH, Kaffeegäßchen 124, 86150 Augsburg
240003	Mikes Sportladen e. K., Ludwigsplatz 122, 94032 Passau
240004	Outdoor Ziegenbart OHG, Bergleite 17, 83355 Grabenstätt
240005	Sports & Fashion Versandhandelsgesellschaft, Am Anger 13, 83457 Bayrisch Gmain
...	...

3.1 Waren und Material beschaffen

1 Einführung in die Waren- und Materialbeschaffung

Grundsätzliche Arbeitsabläufe im Einkaufs- bzw. Verkaufsprozess

Einkaufsprozess beim Kunden

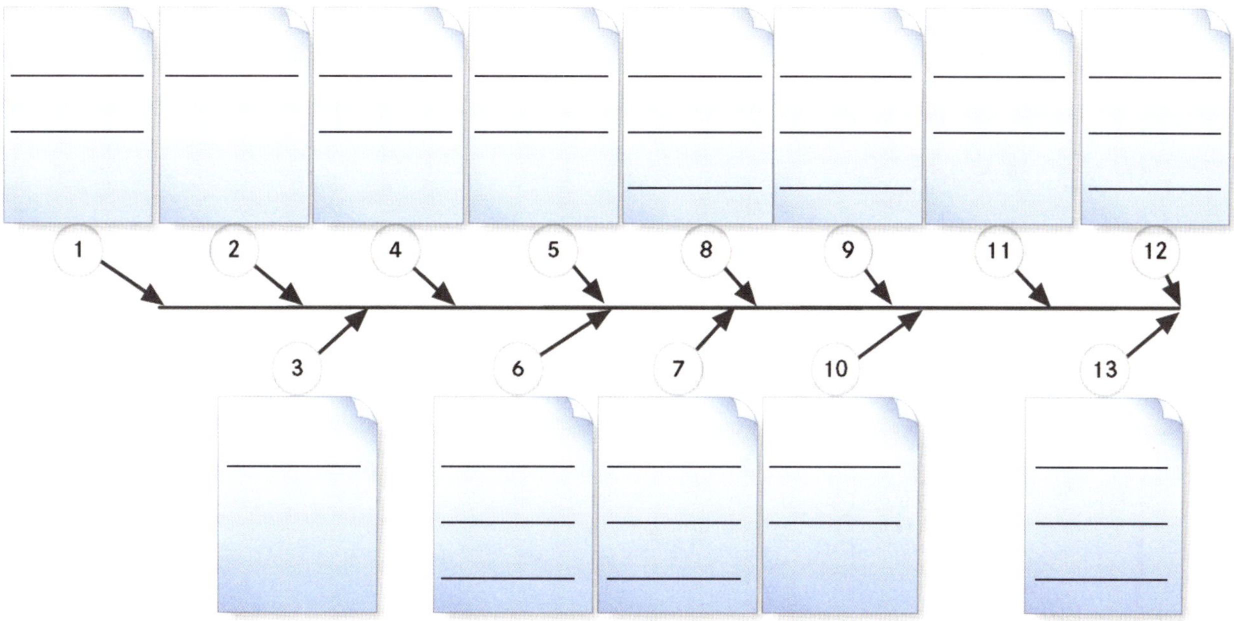

Verkaufsprozess beim Lieferanten

2 Bedarfsermittlung

Die Einkaufsabteilung hat die Aufgabe, alle Einsatzfaktoren, die zur betrieblichen Leistungserstellung notwendig sind, in der ____________________ mit der ____________ ____________ und zur ____________________ zu beschaffen.

Der Einkauf erhält die ____________________________ von den einzelnen Abteilungen übermittelt und zudem den Auftrag, die Waren ________________ zu beschaffen.

© Verlag Europa-Lehrmittel

Aufgaben der Einkaufsabteilung

GOGGI KARTFUN GMBH

Datenblatt Mach 1:

- Pedale
- Lenkung
- Bodenbleche
- Tank
- Verkleidung
- Radaufhängung
- Sitz
- Ketten
- Reifen
- Motor
- Bremsanlage
- Auspuffanlage
- Rahmen
- Speziallack
- Kleinteile (Anlage)

Welcher Bedarf ist entstanden?

Wie hoch ist der Bedarf?

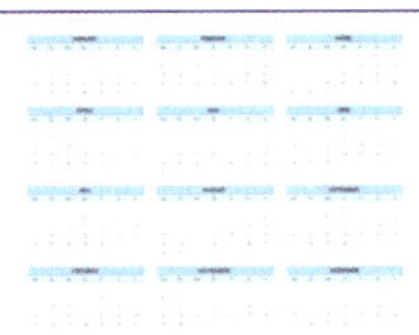

Wann entsteht der Bedarf?

Wie hoch sind die Kosten?

© Verlag Europa-Lehrmittel

2.1 Lager und Lagerkennzahlen

Der Leistungsprozess innerhalb eines Unternehmens erfolgt in ______________________ ______________________. Auch wenn die Betriebe bestrebt sind, die Fertigung aus betriebswirtschaftlicher Sicht möglichst optimal und effektiv zu gestalten, so ist aus Gründen der ________________________________ zwischen den einzelnen Schritten eine ______________________ notwendig.

Für Handelsunternehmen dient die Lagerhaltung zur Gewährleistung der ______________ ______________________.

2.1.1 Aufgaben der Lagerhaltung

Je nach Ware und Unternehmen hat das Lager unterschiedliche Aufgaben zu erfüllen.

Aufgabe

1. Die Lagerhaltung erfüllt diverse Rollen wie die Veredelungsfunktion, die Ausgleichs- bzw. Überbrückungsfunktion, die Sicherungsfunktion und schließlich die Kosteneinsparungs- bzw. Spekulationsfunktion.
   Sehen Sie sich die folgenden Bilder an und beschreiben Sie, welche Funktionen der Lagerhaltung in den einzelnen Situationen angesprochen werden.
   Fassen Sie Ihre Ergebnisse in einer Mindmap zusammen.

2.1.2 Steuerung und Kontrolle des Lagers

Aufgabe

1. Diskutieren Sie die Auswirkungen nachfolgender Bestellsituationen auf die Lagerhaltung.

Bestellung von zu großer Menge →	______
Bestellung von zu kleiner Menge →	______
Bestellung von minderwertiger Ware →	______
Zu hohe Beschaffungskosten →	______
Zu späte Bestellung →	______

Optimale Bestellmenge

Ein ______ ist wichtig, da ein Unternehmen beim Weiterverkauf die ______ muss und zudem ______ möchte. Die Verantwortlichen bzw. die Einkäufer stehen immer wieder vor der Frage, ______ eingekauft werden soll. Preisnachlässe gibt es zumeist ______ . Aber was nützen die günstigen Einstandspreise, wenn die ______ dafür steigen?

Die ______ bewegt sich im Spannungsfeld zwischen dem Ausnutzen möglicher ______, durch die Bestellung größerer Mengen und dem Versuch, die ______ möglichst gering zu halten. Letzteres wäre durch einen ______ und daher einem ______ zu erreichen.

© Verlag Europa-Lehrmittel

Die optimale Bestellmenge bezeichnet die Menge, bei der ______________________________

____ ihr Minimum erreicht hat.

Aufgabe

1. Emilys Jeans ist eines der größten Modehäuser für junge Leute in der Stadt. Emily Jamil möchte für den absoluten Renner unter den Jeansmodellen, Modell Pica, die optimale Bestellmenge berechnen. Frau Jamil geht von einem Jahresbedarf in Höhe von 2.400 Stück aus. Für jede Bestellung fällt einmalig der Betrag von 25,00 € an. Sie kann Lieferantenangaben zufolge bis zu 12 Bestellungen im Jahr durchführen. Der Einstandspreis für die Jeans beträgt 14,80 €. Der Lagerhaltungskostensatz (Kosten der Lagerhaltung) wurde auf 10 % des durchschnittlichen Lagerwertes festgelegt.

   a) Füllen Sie die Tabelle entsprechend den gegebenen Angaben aus.

   b) Markieren Sie in der Tabelle die Zeile, in der die Gesamtkosten am niedrigsten sind.

Bestellmenge	Bestell-häufigkeit	Durchschnittlicher Lagerbestand	Bestellkosten	Lagerkosten	Gesamtkosten
Jahresbedarf 2.400 St.	Jahresbedarf/ Bestellmenge	Bestellmenge/2	Bestellhäufigkeit * Bestellkosten	Ø Lagerbestand * Lagerhaltungssatz * Einstandspreis	Bestellkosten + Lagerhaltungskosten
2.400	1	1200			
1.200	2	600			
800	3	400			
600	4	300			
400	6	200			
300	8	150			
240	10	120			
200	12	100			

© Verlag Europa-Lehrmittel

Bestellzeitpunkt

Der Zeitpunkt der Bestellung ist so zu wählen, dass das Unternehmen ...

→ immer Lieferfähig ist.

→ die Beschaffungszeit überbrücken kann.

→ dabei nicht den Mindestbestand, das heißt die eiserne Reserve angreifen muss.

Da die Lagerkapazität begrenzt ist, muss für jeden Artikel ein Höchstbestand festgelegt werden.

Der Mindestbestand soll dafür sorgen, dass unvorhergesehene Schwierigkeiten bei der Beschaffung ausgeglichen werden können und für kurze Zeit die Liefer- bzw. Produktionsbereitschaft sichergestellt ist.

Der Meldebestand gibt den optimalen Zeitpunkt der Bestellung vor. Sobald dieser erreicht ist oder unterschritten wird, muss ein Bestellvorgang ausgelöst werden.

Formeln:

Höchstbestand = optimale Bestellmenge + Mindestbestand

Meldebestand = Mindestbestand + Lieferzeit Tagesverbrauch

Bestellzeitpunkt = Höchstbestand – Meldebestand

 © Verlag Europa-Lehrmittel

Aufgabe

1. Die Pear Computers Ltd. hat im vergangenen Jahr 12.600 Tablets (Tagesabsatz/35 St.) verkauft. Um die Produktionssicherheit zu gewährleisten, möchte das Unternehmen bei den Touch-Displays einen Mindestbestand halten, der die Fertigung im schlimmsten Fall für 20 Tage aufrechterhalten könnte.
   Aufgrund der gestiegenen Nachfrage nach diesen Displays beträgt die Lieferzeit für dieses Bauteil 15 Tage.
   Die optimale Bestellmenge liegt bei 1.200 St.

   a) Berechnen Sie den Mindestbestand.

   b) Berechnen Sie den Höchstbestand.

   c) Ermitteln Sie den Meldebestand.

   d) Berechnen Sie den Bestellzeitpunkt in verbrauchter Stückzahl und in Tagen.

© Verlag Europa-Lehrmittel

e) Stellen Sie die Lagerbewegungen grafisch dar.
Tragen Sie zusätzlich Höchst-, Melde- und Mindestbestand ein.

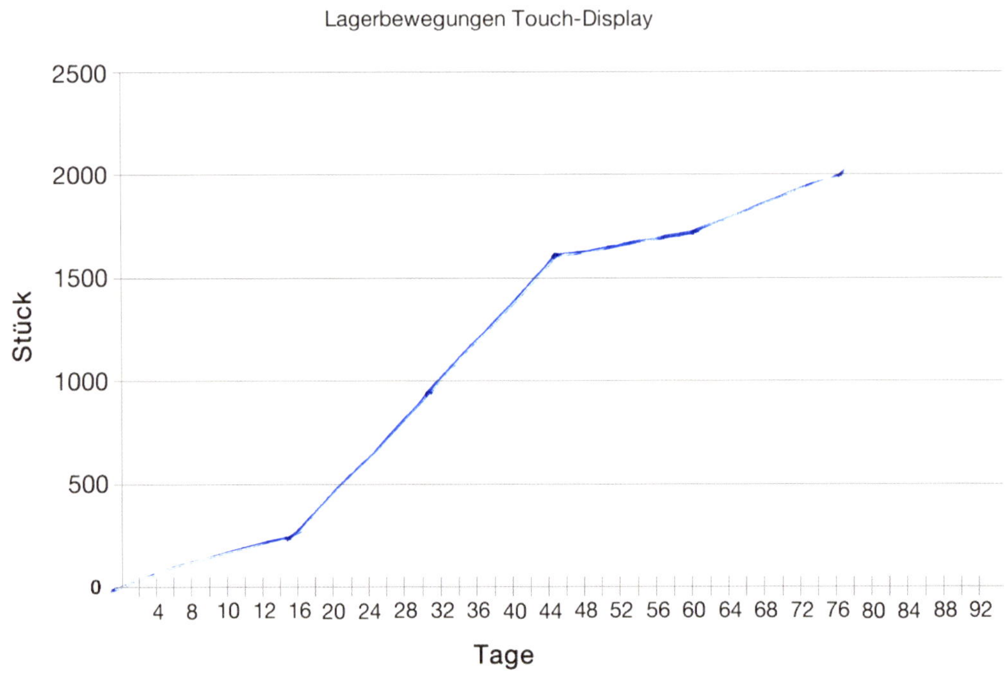

Lernsituation 1

Im Rahmen eines Praktikums bei der Goggi Kartfun GmbH sind Sie als Praktikant im Lager eingesetzt.

Dicke Luft im Lager. Frau Sax (Leitung Lager) hat ein Meeting mit Frau Boden (Kaufmännische Leitung), Herrn Mali (Leitung Einkauf) und Herrn König (Leiter Produktion). Sogar Herr Vitus ist anwesend. Einziger Sitzungspunkt: Die mangelhafte Lagerhaltung und deren Auswirkungen auf Produktion und Absatz. Frau Sax wird mit folgenden Auswertungen konfrontiert:

Ausschussquote Produktion

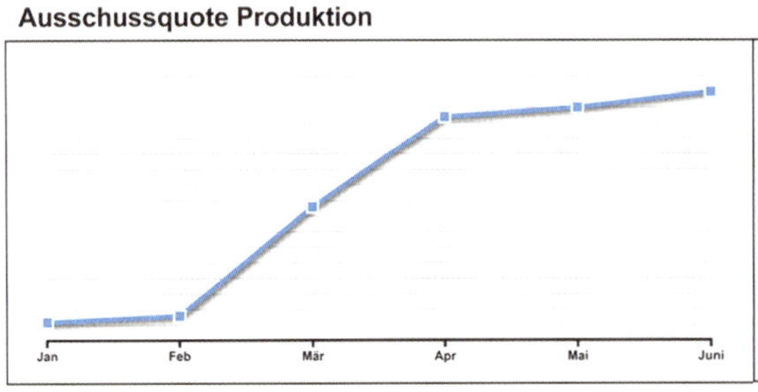

Kundenreklamationen

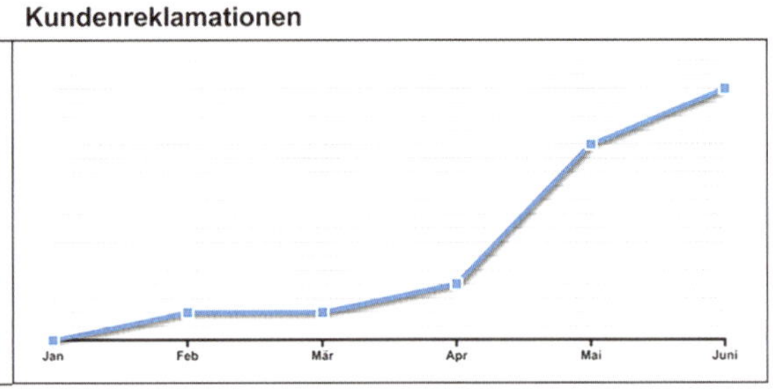

 © Verlag Europa-Lehrmittel

Frau Boden: „Frau Sax, nach der Überprüfung der quartalsmäßigen Auswertung musste ich feststellen, dass sich unsere Zahlen im Unternehmen besorgniserregend entwickeln. Nach Rücksprache mit der Produktionsabteilung erhielt ich die Aussage, dass eine verschlechterte Qualität vor allem auf die Bauteile zurückzuführen ist. Diesbezüglich erhielten Sie am 10.08. eine E-Mail von Herrn König (siehe Abbildung unten). Sind sie bereits aktiv geworden?“

RE: Mangelhafte Ware   Gesendet: 10.08...   11:25 Uhr
VON: peter.koenig@funsport4u.de
AN: ottilie.sax@funsport4u.de

Sehr geehrte Frau Sax,

leider musste unsere Produktion zum wiederholten Male feststellen, dass die angeforderten Teile eklatante Materialfehler aufwiesen. Bereits bei der Warenannahme hätte dies auffallen müssen. Auch bei unseren Motoren der Reihe „Racing Pro“ stellten wir sehr offensichtliche Haarrisse fest.

Aufgrund dieser Mängel ist es uns nicht möglich, die uns auszeichnende qualitativ hochwertige Arbeit zu gewährleisten.
Bitte leiten Sie unverzüglich die entsprechenden Maßnahmen ein.

Mit kollegialen Grüßen,

Peter König

GOGGI KARTFUN GMBH

Frau Sax: „Nein, ich hatte im letzten Monat mit einer Sommergrippe zu kämpfen und meine Stellvertretung hat bezüglich des Qualitätsproblems noch nichts unternommen. Ich werde mich sofort daransetzen.“

Frau Boden: „Noch besorgniserregender finde ich, dass wir einen erhöhten Materialeinsatz zu verzeichnen haben. Auch hier versicherte mir Herr König, dass dieser Anstieg nicht allein durch die erhöhte Ausschussquote zu erklären sei. In Verdacht haben wir vor allem unsere Zubehörartikel wie Rennanzüge, Helme usw. Leider liegt mir keine aktuelle Inventur vor, um dies zu prüfen. Ich bitte sie auch hier schnellstmöglich für Aufklärung zu sorgen. Wir treffen uns am kommenden Montag um 09:00 Uhr bei mir im Büro.“

Frau Sax bittet Sie zu einem Gespräch und erklärt Ihnen den Sachverhalt:

Frau Sax: „Es ist sicherlich ungewöhnlich, Sie zu fragen, aber Sie sind nicht betriebsblind. Das Problem ist irgendwo bei uns versteckt. Bitte untersuchen Sie, an welchen Stellen wir fehlerhaft arbeiten.“

→ Handlungsauftrag 1

Untersuchen Sie oben angeführte Situation und erstellen Sie im Anschluss eine fundierte Präsentation, welche aufzeigt, wie die dargestellten Probleme zukünftig vermieden werden können. Ziehen Sie hierzu u. a. nachfolgende Zeitungsartikel heran.

→ Handlungsauftrag 2

Recherchieren Sie die aktuellen Zahlen der Inventurdifferenzen im Einzelhandel und vergleichen Sie die aktuellen Werte mit den Angaben des nachfolgenden rechten Artikels.

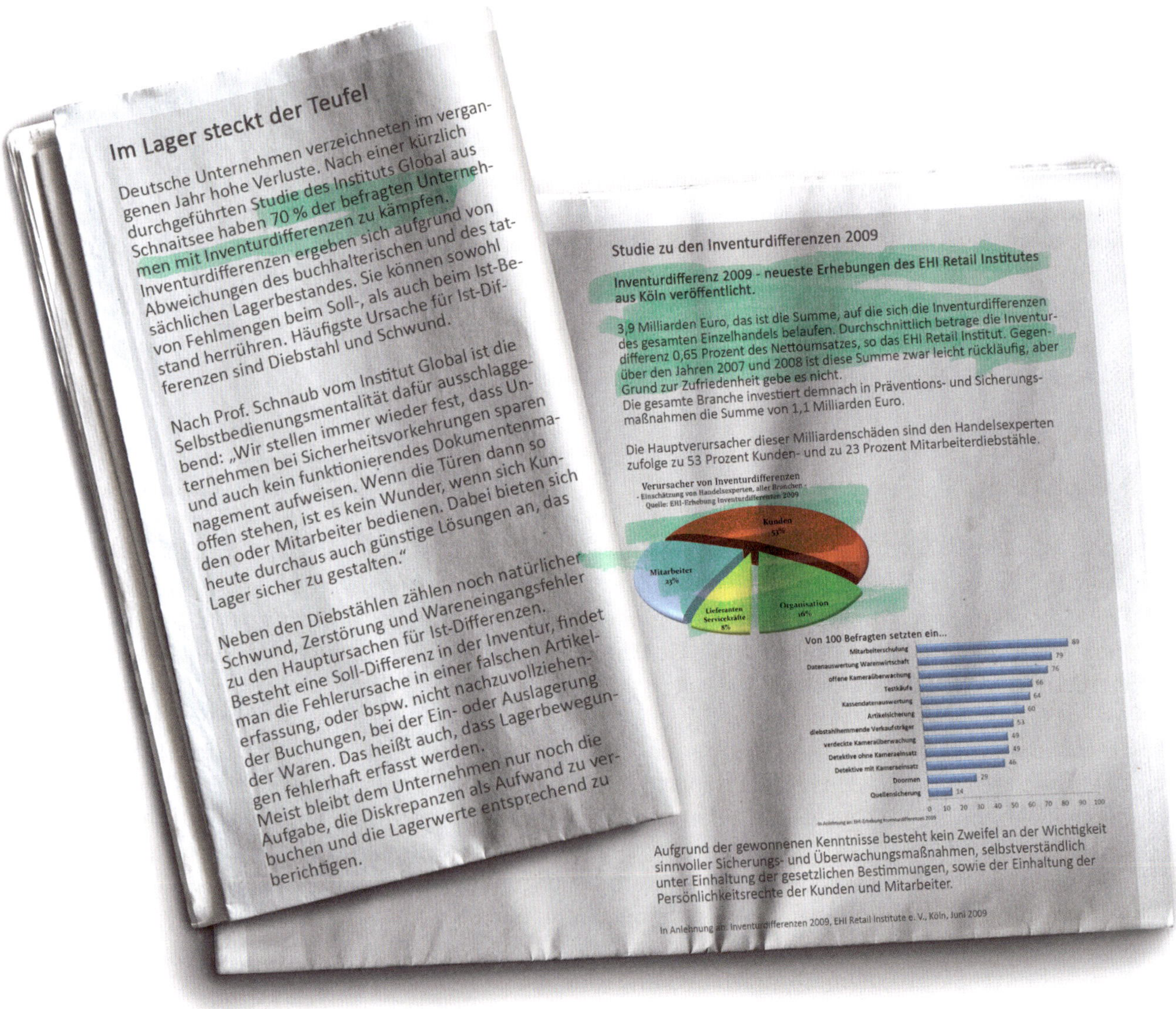

Im Lager steckt der Teufel

Deutsche Unternehmen verzeichneten im vergangenen Jahr hohe Verluste. Nach einer kürzlich durchgeführten Studie des Instituts Global aus Schnaitsee haben 70 % der befragten Unternehmen mit Inventurdifferenzen zu kämpfen. Inventurdifferenzen ergeben sich aufgrund von Abweichungen des buchhalterischen und des tatsächlichen Lagerbestandes. Sie können sowohl von Fehlmengen beim Soll-, als auch beim Ist-Bestand herrühren. Häufigste Ursache für Ist-Differenzen sind Diebstahl und Schwund.

Nach Prof. Schnaub vom Institut Global ist die Selbstbedienungsmentalität dafür ausschlaggebend: „Wir stellen immer wieder fest, dass Unternehmen bei Sicherheitsvorkehrungen sparen und auch kein funktionierendes Dokumentenmanagement aufweisen. Wenn die Türen dann so offen stehen, ist es kein Wunder, wenn sich Kunden oder Mitarbeiter bedienen. Dabei bieten sich heute durchaus auch günstige Lösungen an, das Lager sicher zu gestalten."

Neben den Diebstählen zählen noch natürlicher Schwund, Zerstörung und Wareneingangsfehler zu den Hauptursachen für Ist-Differenzen. Besteht eine Soll-Differenz in der Inventur, findet man die Fehlerursache in einer falschen Artikelerfassung, oder bspw. nicht nachzuvollziehender Buchungen, bei der Ein- oder Auslagerung der Waren. Das heißt auch, dass Lagerbewegungen fehlerhaft erfasst werden. Meist bleibt dem Unternehmen nur noch die Aufgabe, die Diskrepanzen als Aufwand zu verbuchen und die Lagerwerte entsprechend zu berichtigen.

Studie zu den Inventurdifferenzen 2009

Inventurdifferenz 2009 - neueste Erhebungen des EHI Retail Institutes aus Köln veröffentlicht.

3,9 Milliarden Euro, das ist die Summe, auf die sich die Inventurdifferenzen des gesamten Einzelhandels belaufen. Durchschnittlich betrage die Inventurdifferenz 0,65 Prozent des Nettoumsatzes, so das EHI Retail Institut. Gegenüber den Jahren 2007 und 2008 ist diese Summe zwar leicht rückläufig, aber Grund zur Zufriedenheit gebe es nicht.
Die gesamte Branche investiert demnach in Präventions- und Sicherungsmaßnahmen die Summe von 1,1 Milliarden Euro.

Die Hauptverursacher dieser Milliardenschäden sind den Handelsexperten zufolge zu 53 Prozent Kunden- und zu 23 Prozent Mitarbeiterdiebstähle.

Aufgrund der gewonnenen Kenntnisse besteht kein Zweifel an der Wichtigkeit sinnvoller Sicherungs- und Überwachungsmaßnahmen, selbstverständlich unter Einhaltung der gesetzlichen Bestimmungen, sowie der Einhaltung der Persönlichkeitsrechte der Kunden und Mitarbeiter.

In Anlehnung an: Inventurdifferenzen 2009, EHI Retail Institute e. V., Köln, Juni 2009

Notizen: ______________________________

____

____

____

____

____

2.2 Warenwirtschaftssystem

Das Warenwirtschaftssystem ____________________ , ________________________ und ________________________ alle Warenbewegungen in Unternehmen, sowohl im Einkaufs- als auch im Verkaufsbereich.

Es unterstützt die ________________________________, die ____________________ und bietet mit seinen _________________________ zu Finanz- und Lohnbuchhaltung bzw. Kostenstellenrechnung eine Komplettlösung zur betriebswirtschaftlichen Organisation des Unternehmens.

Ein Warenwirtschaftssystem ist eine _______________________ , in der u. a. ___________ __________________________________ erfasst und verarbeitet werden.

Zu den Stammdaten zählen u. a.

→ Lieferantendaten

→ Kundendaten

→ Warenangaben

Die Bewegungsdaten umfassen die _________________________ im Einkauf und Verkauf.

Die Basis, Warenbewegungen im Einkauf und Verkauf optimal steuern zu können, ist ________________________________ über die _____________________________________ ____ , im Sprachgebrauch besser bekannt unter ____ .

Arbeitsauftrag

Informieren Sie sich in Ihrem Übungsunternehmen und recherchieren Sie zudem im Internet nach den komplexen Lösungen der Warenwirtschaftssysteme und stellen Sie das Leistungsspektrum dieser Softwarelösung als Präsentation Ihrer Klasse vor.

3 Bestellung

Das Warenwirtschaftssystem ermöglicht nahezu eine automatische Abwicklung der Bestellung. Wird der ______________________ eines Produkts erreicht, erstellt die Software einen ______________________. Wird dieser durch den Sachbearbeiter bestätigt, erzeugt das Programm eine Bestellung, die dann entweder gedruckt und ______ __________ oder direkt aus dem Programm _____________ oder ____________ an den Lieferanten übermittelt wird.

In Zeiten des Internets erfolgt der Handel zwischen Unternehmen nahezu ausschließlich in digitaler Form als E-Mail, im Online-Shop des Lieferanten oder in speziellen Verkaufsportalen. Ab und an wird jedoch auf die traditionelle Printform, das heißt den Geschäftsbrief und dessen Versendung per Fax bzw. per Post zurückgegriffen.

Die telefonische Bestellung stellt heutzutage nur noch eine Ausnahme dar, da im Nachgang an das Gespräch aus Beweiszwecken eine schriftliche Bestellbestätigung erfolgen muss.

Lernsituation 2

Sie sind Praktikant bei Sport Lilly e. K. und erhalten den Auftrag, eine schriftliche Bestellung bei BQ International GmbH aufzugeben.
Am dritten Tag Ihres Praktikums finden Sie hierzu die notwendigen Daten auf Ihrem Schreibtisch.

Sport Lilly

Guten Morgen,

bitte bestellen Sie nachfolgende Artikel bei BQ International GmbH, damit wir unser Lager für die kommende Herbstsaison rüsten.

Art-Nr.		Einzelpreis	Menge
6695	BQ Fleecejacke Polar (diverse Größen)	40,00 €	10
6689	BQ Softshelljacke Herren, Größe XL, caramel	48,00 €	7
6688	BQ Softshelljacke Herren, Größe X, caramel	48,00 €	5
6498	BQ SNB Hose Tough Herren, Größe XL, black	39,00 €	7
6497	BQ SNB Hose Tough, Herren, Größe X, black	39,00 €	5
2684	BQ Softshelljacke Harlekin, Damen, Größe L	54,00 €	10
2487	BQ SNB Hose Cargo Damen, Größe L, white	44,00 €	10

Meine Ansprechpartnerin ist Frau Brigitte Schön und ihre Kontaktdaten lauten
Telefon +49 8022 940105-7,
Telefax +49 8022 940105-8
und E-Mail info@bq-polo.com

Ach ja, und unsere Kundennummer ist 0451.

Bei Rückfragen darf sich Frau Schön gerne an Sie wenden.
Während Ihrer Praktikumswoche sind Sie unter +49 841 940105-9 zu erreichen.

Herzlichen Dank und einen schönen Tag!

Lilly Chorrera

 © Verlag Europa-Lehrmittel

Herz

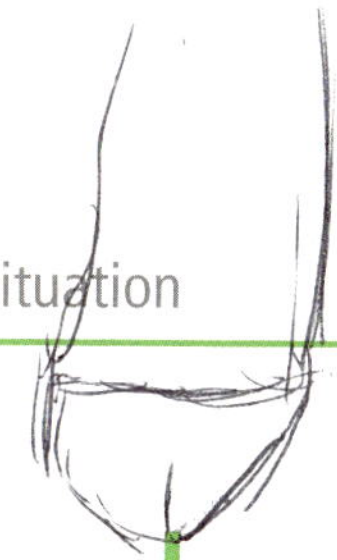

Kundennummer (falls bekannt)

Absender (Firmenstempel)

Ansprechpartner

Name Vorname

Straße Hausnummer

PLZ Ort

Telefon Telefax

Bestellschein

Bestellnummer	Artikelbezeichnung	Menge	Einzelpreis	Gesamtpreis
		Gesamtbetrag zzgl. gesetzlicher MwSt.		

Versandkostenfrei ab einem Warenwert von 100,00 €

4 Zweiseitiger Handelskauf

Im zweiseitigen Handelskauf agieren ____________________ als Vertragspartner.

Das Verpflichtungsgeschäft

Der Kaufvertrag wird durch ______________________________

geschlossen. Er kommt durch einen Antrag ______________________

______________________ und durch dessen Annahme ____________

______________________________ zustande.

Man bezeichnet diesen Vorgang als ______________________________.

Aufgaben

1. Die Pear Computers Ltd. unterbreitete der Versicherungsgesellschaft Secura AG per E-Mail ein Angebot über 100 Tablets. Bei der nochmaligen Kontrolle der Offerte entdeckte die Verantwortliche Frau Schneider zwei Stunden später, dass sie anstelle eines Stückpreises von 349,00 €, den Preis für das leistungsschwächere Modell in Höhe von 319,00 € angab.
   Umgehend rief sie beim Kunden an, um das Missgeschick zu berichtigen. Doch dort hatte man bereits das Angebot angenommen und eine Bestellung per Brief an die Pear Computers Ltd. versendet.
   Erklären Sie, ob der Computerhersteller an sein Angebot gebunden ist.

   ____

   ____

   ____

   ____

2. Sport Lilly e. K. unterbreitete ein verbindliches Angebot an den TC Schmetterball. Nach zwei Tagen antwortete der Jugendwart, Herr Aufschlag, per E-Mail...

   RE: Ihr Angebot vom 03.04... Gesendet: 05.04... 11.15 Uhr
   VON: hubertus.aufschlag@aufschlag.de
   AN: lc@sport-lilly.de

   Sehr geehrte Frau Chorrera,

   ich danke Ihnen für Ihr Angebot, für welches Sie den Zuschlag erhalten.

   Wir nutzen Ihre Offerte und bestellen mit einem Rabatt von 15 %.
   Den reduzierten Rechnungsbetrag gleichen wir nach 60 Tagen aus.

   Bitte teilen Sie uns kurz mit, wann wir mit Ihrer Lieferung rechnen dürfen.

   Mit freundlichen Grüßen,

   Hubertus Aufschlag
   Jugendwart TC Schmetterball

 © Verlag Europa-Lehrmittel

... als Reaktion auf nachfolgendes Angebot.

Sport Lilly

Sport Lilly e. K., Am Stadtplatz 12, 84049 Ingolstadt

TC Schmetterball
Herrn Hubertus Aufschlag
Am Platz 13
84049 Ingolstadt

Ansprechpartner: Lilly Chorrera
Telefon: +49 841 940105-7
Telefax: +49 841 940105-8
E-Mail: lc@sport-lilly.de

Kundennummer: 240012
Angebotsnummer: A..-004-2

Angebot
Angebotsdatum: 03.04...

Sehr geehrter Herr Aufschlag,

wir danken Ihnen für Ihre Anfrage.
Gerne unterbreiten wir Ihnen ein Angebot mit speziellen Konditionen.

Pos.	Beschreibung	Stück	Einzelpreis	Gesamtpreis
1	Tennishemd forca	24	44,90 €	1.077,60 €
2	Tennisshorts forca	24	24,00 €	576,00 €
3	Tenniscap forca	24	9,90 €	237,60 €
4	Tennisanzug Looser	24	79,90 €	1.917,60 €
5	Beflockung für Anzüge	24	5,00 €	120,00 €
			- €	- €
			Nettobetrag	3.928,80 €
			10 % Rabatt	392,88 €
			Zwischensumme	3.535,92 €
			19 % MwSt.	671,82 €
			Bruttobetrag	4.207,74 €

Die Lieferung erfolgt frei Haus.
Bitte begleichen Sie den offenen Rechnungsbetrag innerhalb von 10 Tagen rein netto.
Das Angebot behält seine Gültigkeit bis 13.04...

Sollten Sie noch Fragen haben, stehe ich Ihnen zu deren Klärung gerne zur Verfügung.

E-Mail
info@sport-lilly.de
Internet
www.sport-lilly.de
Inhaberin
Lilly Chorrera

Bankverbindung
Bankhaus Muck, Ingolstadt
IBAN DE12 7215 0110 0000 6167 17
BIC COVIDE1LCDF

Bankverbindung
Bank12 AG, Ingolstadt
IBAN DE12 7215 0209 0005 0123 67
BIC AMERDE1JLLA

Handelsregister
HRA 1005
beim Amtsgericht Ingolstadt
USt.-IdNr. DE 105 01 0303
Steuer-Nr. 102/560/7001

Erklären Sie die rechtliche Situation.

___

___

___

___

___

3. Begründen Sie, ob in den folgenden Fällen ein Vertrag zustande gekommen ist. Ziehen Sie zur Bearbeitung der nachfolgenden Aufgaben den § 150 BGB zu Rate.

a) Die Goggi Kartfun GmbH hat einem Kunden ein verbindliches Angebot auf Basis des Kaufs von 12 Karts zugesendet. Daraufhin bestellt dieser 5 Karts.

____

____

____

b) Das Ristorante Lorenzo Fettucini erteilt dem Gourmet-Express den Auftrag zur Lieferung von 3 kg Hummer, Zustellung bis spätestens 12.04...
Der Großhändler sendet eine Auftragsbestätigung mit dem Liefertermin 11.04...

____

____

____

c) Die Schreinerei Holzwurm erhält nach Abgabe eines verbindlichen Angebots für die Inneneinrichtung des Weiterbildungscenters Schlaumeier OHG nachfolgende Auftragsbestätigung.

RE: Auftragsbestätigung — Gesendet: 13.10... 17.55 Uhr
VON: c.schlaumaier@schlaumaier.de
AN: max.wurm@schreinerei-holzwurm.de

Sehr geehrter Herr Holzwurm,

wir freuen uns Ihnen mitteilen zu können, dass wir Ihnen den Zuschlag für unsere Ausschreibung "Inneneinrichtung des neuen Verwaltungsgebäudes" geben.

Den uns von Ihnen gewährten Rabatt von 7,5 %, haben wir aufgrund der Auftragssumme auf 10 % erhöht.
Ebenso denken wir, dass die Abänderung der Zahlungskonditionen unsererseits, nun neu auf 30 Tage mit 3 % Skonto für Sie kein Problem darstellt.

In diesem Sinne freuen wir uns auf die anstehende Zusammenarbeit.

Es grüßt Sie freundlich

C. Schlaumeier

____

____

____

© Verlag Europa-Lehrmittel

4. „Wir sehen uns vor Gericht!" Dies waren die letzten Worte des verärgerten Kunden, da Herr Vitus sich weigerte, die Bestellung anzunehmen. Er hatte im Vorfeld ein Angebot an die Kartbahn Schweiger e. K. gesendet. Darin bot er fünf Auslaufkarts zum Preis von jeweils 1.250,00 €, ab Werk an. Das Angebot galt bis zum 30.12....
Kartbahn Schweiger e. K. nahm per E-Mail vom 31.12... das Angebot für fünf Karts zu 1.250,00 €, frei Haus an.
Begründen Sie, ob und warum Herr Vitus sich im Recht fühlt, diesen Auftrag nicht zu erfüllen.

____

____

____

____

____

____

____

____

Das Erfüllungsgeschäft

Mit dem Abschluss des Kaufvertrages werden beiden Vertragsparteien bzw. dem Käufer und dem Verkäufer Pflichten auferlegt (= Verpflichtungsgeschäft), die erfüllt werden müssen ______________________ .

Das heißt, **der Verkäufer** muss dem Käufer den Kaufgegenstand ______________ ______________________________________ und ihm somit ______________ daran verschaffen. Abschließend muss der Verkäufer das vereinbarte Entgelt bzw. die vereinbarte Zahlung annehmen.

Im Gegenzug muss **der Käufer** vom Verkäufer die Ware bzw. die Leistung ______________ und den ______________________ bzw. ______________ ______________________ .

Lernsituation 3

Sie sind in der Ausbildung zur/m Kauffrau/-mann für Büromanagement im Ristorante Lorenzo Fettucini. In der Tagespost befindet sich ein Schreiben des Seminarzentrums Weisbach, welches Sie Herrn Fettucini vorlegen.

Herr Fettucini: „Na, das ist mal wieder ein Auftrag der Spaß machen würde. Herr Weisbach ist als absoluter Gourmet bekannt. Ich glaube, er war vor kurzem Gast bei uns."

Sie: „Haben sie schon einmal einen Blick in ihren Terminkalender geworfen, Herr Fettucini? An diesem Tag ist das Restaurant bis auf den letzten Platz ausgebucht und unser Partyservice ist unterwegs zu einer wichtigen Geburtstagsfeier: 60. Geburtstag der Gattin des Ministerialrats. Wird das nicht ein bisschen eng?"

Herr Fettucini: „Lesen wir erst einmal, was sich Herr Weisbach so vorstellt?"

SEMINARZENTRUM WEISBACH

Seminarzentrum Weisbach * Oskar-Schwan-Str. 9 * 83257 Gstadt am Chiemsee

Ristorante Lorenzo Fettucini
Seestr. 9

83250 Marquartstein

SEMINARZENTRUM WEISBACH

Gstadt, 05.07...

Anfrage

Sehr geehrter Herr Fettucini,

zum 30jährigen Bestehen unserer Firma planen wir eine große Feier mit geladenen Gästen. Damit dies eine wahrhaft gelungene Veranstaltung wird, geben wir diese gerne komplett in professionelle Hände.
Nun bitten wir Sie um ein Angebot, das folgende Eckpunkte beinhaltet soll:

Örtlichkeit	Seminarraum Sonnenschein in unserem Hause
Datum	30.07...
Zeitplan	Beginn 16:30 Uhr Ende cirka 24:00 Uhr
Personenzahl	200 geladene Gäste
Verkostung	Sektempfang mit Happy Spoons und Fingerfood Exklusives kalt-warmes Buffet Nachspeisenbuffet
Getränke	Mineralwasser, Bier, Sekt, Rot- und Weisswein
Service	Buffet- und Servicepersonal
Preisvorstellung	100,00 EUR bis 150,00 EUR netto pro Person

Wir bitten Sie, uns bis zum 10.07... ein aussagekräftiges Angebot, sowie kreative Dekorationsvorschläge (im Preis beinhaltet), zu übersenden.

Mit freundlichen Grüßen

Oliver Weisbach

Seminarzentrum Weisbach • Oskar-Schwan-Str. 9 • 83257 Gstadt am Chiemsee
• Telefon: (08054) 19731973 • info@seminarzentrum.de

Am nächsten Tag ...

Herr Fettucini: „Hier ist der Vorschlag für Herrn Weisbach. Da können wir mal wieder richtig Gas geben. Seien Sie so gut und schreiben das Angebot. Hier haben Sie meine handschriftlichen Notizen.

© Verlag Europa-Lehrmittel

Die Preise sind Nettopreise und gelten pro Person. Sie wissen ja, er erwartet 200 Gäste. Die Stundensätze für Köche und Servicepersonal finden Sie aufgelistet.
Denken Sie daran, dass die Lebensmittelpreise starken Schwankungen unterliegen. Versehen Sie bitte aus diesem Grund unser Angebot mit der passenden Freizeichnungsklausel.

Ach ja, laden Sie ihn und seine Gattin für den kommenden Samstagabend zu einem Probeessen ein und schreiben dazu, dass ich an diesem Abend mit ihnen die Auswahl der Weine und die Tischdekoration durchsprechen möchte.
Ja, und weiter vereinbaren Sie bitte einen Termin für mich, damit ich mir die Räumlichkeiten vor Ort ansehen kann.

Zahlungsbedingungen, wie immer 12 Tage 2 % Skonto, ansonsten innerhalb von 30 Tagen rein netto.
Das Angebot gilt verbindlich bis zum 21.07...
Ja, und ganz wichtig, verweisen Sie auf unsere AGB im Internet.

Hoppla, ich vergaß zu notieren: Das Angebot hat die Nr. ../333.
Wir müssen darauf achten, dass es pünktlich 'raus geht, es muss bis 08.07.. bei der Post sein."

Sie: „Ich setz' mich gleich 'dran. Sie können sich sicher sein, dass Herrn Weisbach unser Angebot pünktlich vorliegt."

Nun sind Sie an der Reihe.
Bevor Sie sich an das Angebot setzen, müssen noch einige Fragen geklärt werden.
Herr Fettucini möchte ein unverbindliches Angebot erstellen, da die Tagespreise für die Lebensmittel bzw. den Wein oftmals großen Schwankungen unterworfen sind.
Informieren Sie sich, was man unter Freizeichnungsklausel versteht und notieren Sie die dazu passende für Ihr Angebot.

____

____

____

Herr Fettucini erwähnte auch die Wichtigkeit der AGB.
Studieren Sie die AGB des Unternehmens (siehe nachfolgende Abbildung) und fassen Sie deren Bedeutung zusammen.

____

____

____

____

____

____

© Verlag Europa-Lehrmittel

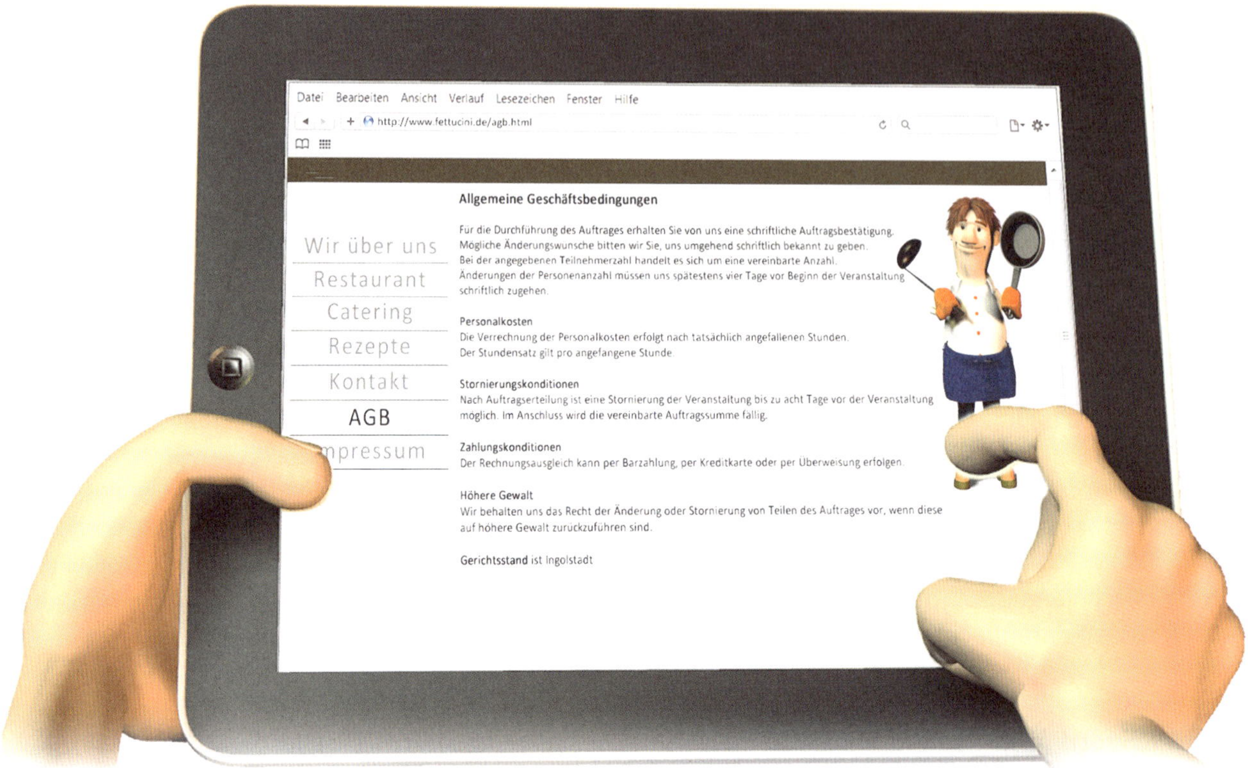

Frischen Sie Ihre Kenntnisse über die AGB aus Jahrgang 7 auf und verarbeiten diese in der Erstellung des Angebots.

Notizen zur Auffrischung: ______________________________

____

____

____

____

____

____

Beschreiben Sie je einen Vorteil von AGB für das Ristorante Lorenzo Fettucini und für den Kunden.

____

____

____

____

____

 © Verlag Europa-Lehrmittel

Angebot Weisbach

Vorspeisen (Fingerfood auf Fingerfood-Gabeln oder -Löffeln)
Gebratene Garnelen mit Dill-Ananas, Avocado-Shrimpscocktails,
Gambas-Spießchen, Lachs-Crêpe-Pralinenröllchen, Foie gras
auf Belugainseln und Portweingelee 17,90

Hauptspeisen
Lammpastete mit Minz-Lemonsauce, ~~Saltim~~ Saltimbocca alla
Romana auf Vermouthsauce, Putenbraten in leichter
Zitronen-Chardonnaysauce, Schweinemedaillons in Madagaskar-
pfeffersauce, Zanderfilets in Zitronenbutter gebraten,
Medaillons vom Tilapia in Curry-Ingwersud, Gemüsevariationen,
Sesamspätzle und Butterreis, Proseccoschaum und 48,90
Schlosskartoffeln

Dessert-Buffet
Basilikum-Joghurt-Mousse mit Birnen-Baileyssauce, ~~Muss~~ 15,80
Mousse au chocolat mit Whiskey-Vanillesauce,
Apfel-Birnen-Crumble mit Waldbeerensauce, Schokoladen-
konfekt mit Cantuccui und Amaretto, Käseauswahl mit Nüssen
und Weintrauben

Getränke
Sektempfang (Prosecco Holunder, Hibiskusblüte- 7,80
Himbeer-Mineral, ~~Pfirsich~~)
Getränkepauschale (nach Verkostung) 14,00

Gedeck/Buffetaufbau, Geschirr, Besteck und Gläser, 4,90
Stoffservietten,

Personal 2 Koche je 9 Std. 25,00/Std. 14 Servicemitarbeiter je 9 Std. 18,00/Std.

Fahrtkosten im Preis inbegriffen

Erstellen Sie unter Einbezug der handschriftlichen Notizen von Herrn Fettucini, ein Angebot an das Seminarzentrum Weisbach.

Fortsetzung des Caterings für das Seminarzentrum Weisbach …

Herr Fettucini: „Am Samstag habe ich das Catering für das Seminarzentrum unter Dach und Fach gebracht. Das Angebot haben Sie auch wirklich sehr professionell verfasst. Die Auftragsbestätigung kam von Herrn Weisbach per Fax.“

Entscheiden Sie, ob durch die Auftragsbestätigung des Herrn Weisbach ein Kaufvertrag zustande gekommen ist.

____

____

____

____

© Verlag Europa-Lehrmittel

Untersuchen Sie, welche Verpflichtungen Herr Fettucini und Herr Weisbach bei Zustandekommen eines Vertrages eingehen und wie sich das Erfüllungsgeschäft gestaltet.

____

____

____

____

____

____

Sie: „Herr Fettucini, etwas fehlt doch noch: Mit keiner Silbe erwähnen Sie den Eigentumsvorbehalt. Können sie sich immer darauf verlassen, dass ihre Kunden bzw. ihre Gäste bezahlen?"

Fettucini: „Also meine Gäste sind eigentlich in Ordnung. Bisher hatte ich nur zweimal Schwierigkeiten, meine Rechnungen einzutreiben. Aber sie haben schon Recht, eigentlich sollte dieser wichtige Punkt in den AGB hinterlegt sein. Ich könnte ihnen das jetzt ganz einfach erklären. Aber da sie bei mir eine Ausbildung absolvieren, zählt hier die Devise *learning by doing.*"

Erstellen Sie einen aussagekräftigen Videocast zum Thema „Eigentumsvorbehalt" mit dazugehörigem Storyboard.

5 Wareneingangskontrolle

Aus ____________________ muss ein Unternehmen unverzüglich nach Warenanlieferung eine ____________________ durchführen. Hierzu werden als erste Handlung die ____________________ auf deren Richtigkeit der Lieferadresse und der Warenbezeichnung ____________ . Im Anschluss erfolgt die ____________ der ____________________ auf Beschädigung und Beschaffenheit der Ware und durch Abgleich mit den Transportpapieren auf Vollständigkeit der Lieferung. Als letzten Schritt vor der Wareneinlagerung, wird eine ____________________ ____________________ durchgeführt.

 © Verlag Europa-Lehrmittel

Aufgabe

1. Sport Lilly e. K. hat bei der BQ International GmbH 40 Trainingsanzüge bestellt (Modell Warmup Art. Nr. 55110 in der Farbe offwhite, jeweils 10 Anzüge in den Größen S, M, L und XL). Am 18.08... liefert die Spedition Delivery GmbH aus Mühldorf am Inn, die beim Lieferanten Nr. 440017 bestellten Trainingsanzüge.
   Bei der Wareneingangskontrolle stellt sich heraus, dass 58 Trainingsanzüge geliefert wurden. Ein Paket ist beschädigt bzw. weist ein größeres Loch auf. Eine weitere Kontrolle bringt zu Tage, dass anstelle der Größe XL die Größe XXL geliefert wurde. Beim Auszeichnen der Ware, sind außerdem bei fünf Trainingsanzügen die Reißverschlüsse defekt. Und zu guter Letzt weist ein Trainingsanzug einen deutlichen Rotstich auf.
   Dokumentieren Sie die Wareneingangskontrolle auf nachfolgendem Formular.

Wareneingangskontrolle			**Sport Lilly e. K.**
Lieferdatum		Frachtführer	
Lieferant			
Prüfung	**Verpackungsmängel/fehlende Packstücke**		
Prüfung Anschrift			
Prüfung Anzahl		Stück	
Prüfung Verpackung			
Prüfung Inhalt			
Menge	Art.-Nr.	Mängel	
Unterschrift Frachtführer:		Unterschrift Lager:	

Lernsituation 4

Das Magazin MANAGER HEUTE interviewt zum Themenschwerpunkt des Monats „Lagerhaltung“ den Experten, Herrn Oskar Regaal:

Redaktion: „Herr Regaal, sie sind uns bekannt als Experte für alle Lagerarbeiten. Wie lässt sich ihr Aufgabengebiet für unsere Leser in ein paar Sätzen erklären?“

Herr Regaal: „Meine Aufgaben bestehen hauptsächlich in der Warenannahme und der Wareneinlagerung. Wenn die Lieferung ankommt, kontrolliere ich zuerst einmal, ob die Lieferung für uns bestimmt ist.“

Redaktion: „ Das ist ja einfach, steht ja auf dem Lieferschein, oder?“

Herr Regaal: „Ja, jetzt geht's erst richtig los. Die Einkaufsabteilung sendet mir mit der Hauspost die Bestellscheine und die dazugehörigen Liefertermine. Ich muss nämlich schon auch darauf aufpassen, ob die Lieferanten die Liefertermine einhalten. Wenn nicht, könnte ich theoretisch die Annahme verweigern.
Wenn der Liefertermin passt, überprüfe ich, ob die Angaben auf dem Lieferschein mit denen des Bestellscheins übereinstimmen.“

Redaktion: „Was meinen sie damit?“

Herr Regaal: „Na, vor allem interessiert mich, ob die richtigen Teile geliefert wurden und die Menge stimmt. Anschließend vergewissere ich mich, ob die Ware in einem ordnungsgemäßen Zustand ist. Es kann ja passieren, dass beim Transport Schäden entstanden sind. Wissen sie, wir haben ein spezielles hausinternes Formular für die Wareneingangskontrolle. Auf diesem muss mir der Lieferant oder der Fahrer der Spedition die Anlieferung unterschreiben. Er bescheinigt mir damit die Überprüfung, ob die Lieferung einwandfrei oder mängelbehaftet angekommen ist. Das ist neben einer Absicherung für unsere Firma natürlich auch für mich die Bestätigung meiner ordentlich ausgeführten Arbeit.“

Redaktion: „Und erhält der Fahrer auch eine Bestätigung über die Anlieferung?“

Herr Regaal: „Selbstverständlich quittiere ich ihm den Empfang.“

Redaktion: „Gut, und dann lagern sie die Ware ein.“

Herr Regaal: „Stopp, stopp, so schnell geht es nicht. Jetzt wird die Ware ausgepackt und kontrolliert. Nach Entfernung der Transportverpackung wird die gelieferte Stückzahl mit der Bestellung abgeglichen und die Ware auf ihren ordnungsgemäßen Zustand hin überprüft. Also erst zu diesem Zeitpunkt sehe ich, wenn beispielsweise ein Monitor einen Sprung hat. Wenn in dieser Kontrollphase Fehler oder Mängel auftauchen, hat das dann der Lieferant und nicht die Spedition zu verantworten.“

Redaktion: „Das ist einleuchtend, aber jetzt kommen wir zur Einlagerung, oder?“

Herr Regaal: „Nein, noch nicht ganz. Jetzt wird nämlich, je nachdem, welche Ware angekommen ist, eine Funktionsüberprüfung durchgeführt. Bleiben wir bei dem Beispiel

Monitor: Wenn er äußerlich in einem einwandfreien Zustand ist, heißt das nicht automatisch, dass er auch funktioniert. In der Regel überprüfe ich die Lieferung nur stichpunktartig bzw. ich teste nicht die komplette Lieferung, sondern nehme mir nach dem Zufallsprinzip vereinzelte Teile heraus. So, und jetzt kommen wir zur Einlagerung der Lieferung. Je nach Ware erfolgt die Einlagerung. Was sagen ihnen die Begriffe Lifo bzw. Fifo? Nichts? Okay, ein kleiner Exkurs an einem Beispiel: Im Lebensmittelbereich erfolgt die Einlagerung der Ware nach dem Fifo-Verfahren, also First in first out. Das heißt, der Joghurt, der als erster geliefert wurde, muss auch als erster verkauft werden. Ein Kieswerk agiert nach dem Lifo-Verfahren. Der letzte Kies, der auf den Kiesberg geschüttet wird, wird auch als erster wieder abgetragen bzw. verkauft.
So, aber nun wieder zurück zur Einlagerung unserer Ware. Die Lagerplatzzuweisung, die jetzt folgt, stellt einen besonderen Aspekt dar. Sie bestimmt über eine ökonomische und effiziente Lagerhaltung."

Redaktion: „Was meinen sie damit?"

Herr Regaal: „Der Lagerplatz muss optimal ausgenützt werden und die Wiederauffindbarkeit der Ware muss schnell und unkompliziert gewährleistet sein."

Redaktion: „Was passiert eigentlich mit einer fehlerhaften bzw. beschädigten Lieferung?"

Herr Regaal: „Die wird separat gelagert. Bei uns werden verschiedene Abteilungen in der Bearbeitung von schadhafter Lieferung eingeschaltet. Das läuft natürlich alles über die EDV bzw. über unser Warenwirtschaftssystem und unser Intranet.
Bei uns ist es so, dass zumeist die Einkaufsabteilung das Prozedere zur Abwicklung der Retoure übernimmt. Ab und an kommt es aber vor, dass ich die Rücksendung veranlasse. Und zum Schluss unterschreibe ich das Formular über die Wareneingangskontrolle und hefte es ab."

Redaktion: „Die Lagerverwaltung, die ihnen unterliegt, ist ja nicht nur der Wareneingang, oder?"

Herr Regaal: „Nein, nein, das ist schon noch ein bisschen mehr. Zur Lagerverwaltung gehört u. a. auch die Überwachung der Lagerbedingungen, des Sicherheitsstandards, des Lagerbestandes und die Dokumentation bzw. die Inventur."

Redaktion: „So, und nun noch eine letzte Frage: Die Einlagerung haben sie eingehend dargestellt. Mich interessiert noch die Warenausgabe, die ja auch zu ihrem Aufgabengebiet gehört. Wie gestaltet sich diese in ihrem Unternehmen?"

Herr Regaal: „Oh, da haben sie ein Thema angeschnitten, über welches wir uns noch eine ganze Stunde unterhalten könnten. Da fallen dann Begriffe im Zusammenhang mit der Kommissionierung der Ware wie Pick-by-Voise, Pick-by-Light usw.
Unsere Firma arbeitet da noch ganz konservativ: Bei uns gibt es noch ein Formular. Jeder, der etwas aus dem Lager erhält, unterschreibt einen Ausgabeschein. Diese Ausgabe wird anschließend in das Warenwirtschaftssystem übertragen und das Dokument abgeheftet. Dieser Weg sichert dem Unternehmen den verantwortungsvollen Umgang der Mitarbeiter mit der Ware."

Redaktion: „Herzlichen Dank Herr Regaal, dass sie uns so umfassend informiert haben."

→ Handlungsauftrag

Erstellen Sie in Zusammenarbeit mit dem Fach Informationsverarbeitung einen Comic webbasiert, wie z. B. http://www.makebeliefscomix.com/ über die Tätigkeiten und Verantwortlichkeiten der Lagerverwaltung. Präsentieren Sie Ihre Arbeit der Klasse.

6 Finanzielle Abwicklung des Einkaufs

Grundsätzlich werden die Zahlungsarten danach unterschieden, wie viele Konten beteiligt sind.
Demnach unterscheidet man

→ ____

Weder der Käufer (Schuldner) noch der Verkäufer (Gläubiger) nutzen für die Zahlung ein Konto.

Beispiele: ____

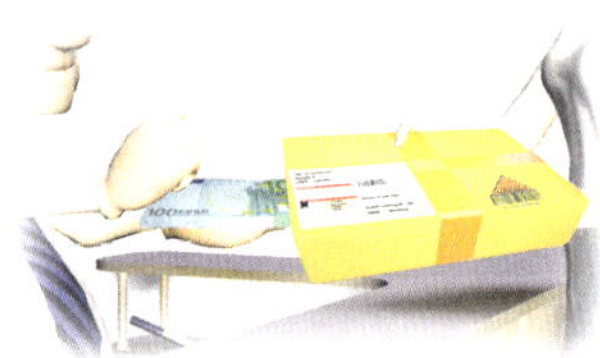

→ ____

Nur einer der beiden Vertragspartner nutzt ein Konto für den Geldeingang.

Beispiele: ____

____

→ ____

Schuldner und Gläubiger nutzen ein Konto für den Geldfluss.

Beispiele: ____

Aufgabe

1. Das Unternehmen Sport Lilly e. K. hinterlegt die von ihr akzeptierten Zahlungsmöglichkeiten auf der eigenen Webseite.
Sortieren Sie die Zahlungsarten nach barer, halbbarer und bargeldloser Zahlung.

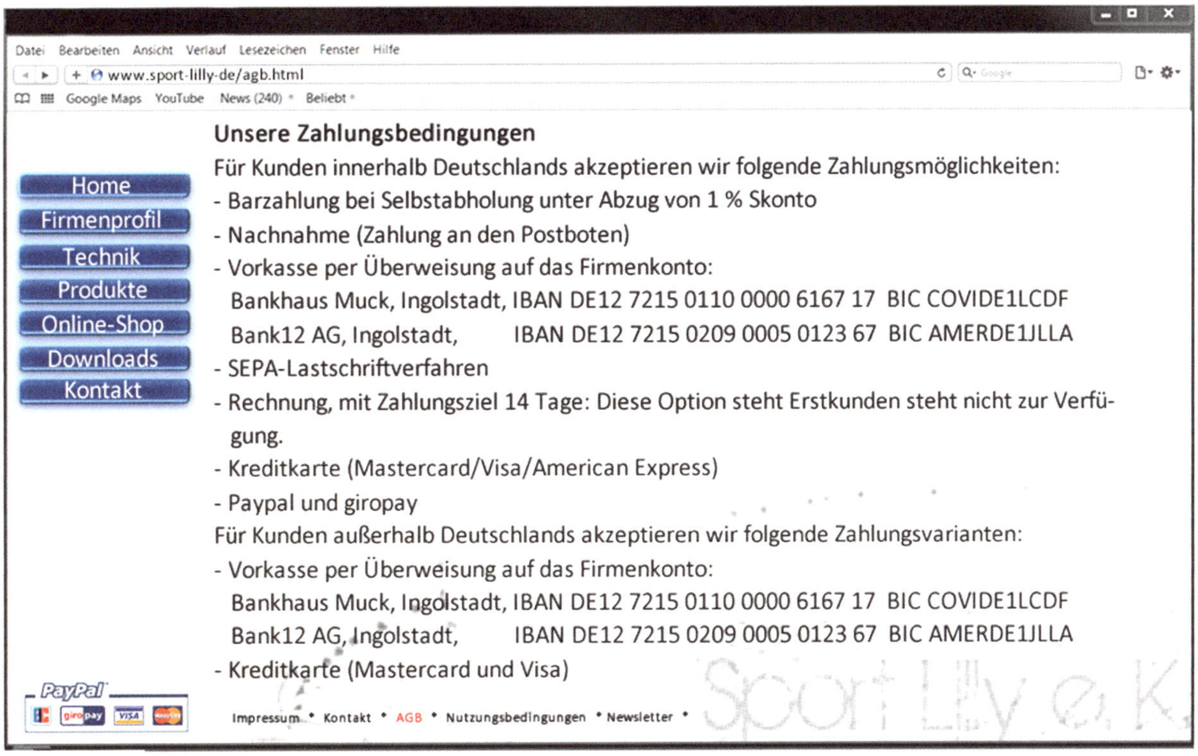

Datei Bearbeiten Ansicht Verlauf Lesezeichen Fenster Hilfe

www.sport-lilly-de/agb.html

Google Maps YouTube News (240) Beliebt

Home
Firmenprofil
Technik
Produkte
Online-Shop
Downloads
Kontakt

Unsere Zahlungsbedingungen

Für Kunden innerhalb Deutschlands akzeptieren wir folgende Zahlungsmöglichkeiten:

- Barzahlung bei Selbstabholung unter Abzug von 1 % Skonto
- Nachnahme (Zahlung an den Postboten)
- Vorkasse per Überweisung auf das Firmenkonto:
  Bankhaus Muck, Ingolstadt, IBAN DE12 7215 0110 0000 6167 17 BIC COVIDE1LCDF
  Bank12 AG, Ingolstadt, IBAN DE12 7215 0209 0005 0123 67 BIC AMERDE1JLLA
- SEPA-Lastschriftverfahren
- Rechnung, mit Zahlungsziel 14 Tage: Diese Option steht Erstkunden steht nicht zur Verfügung.
- Kreditkarte (Mastercard/Visa/American Express)
- Paypal und giropay

Für Kunden außerhalb Deutschlands akzeptieren wir folgende Zahlungsvarianten:

- Vorkasse per Überweisung auf das Firmenkonto:
  Bankhaus Muck, Ingolstadt, IBAN DE12 7215 0110 0000 6167 17 BIC COVIDE1LCDF
  Bank12 AG, Ingolstadt, IBAN DE12 7215 0209 0005 0123 67 BIC AMERDE1JLLA
- Kreditkarte (Mastercard und Visa)

PayPal giropay VISA

Impressum • Kontakt • AGB • Nutzungsbedingungen • Newsletter •

Sport Lilly e.K.

Zahlung mit Bargeld	
Halbbare Zahlung	
Bargeldlose Zahlung	

Das Girokonto

Das Girokonto ist ________________________________ für tägliche Geldbewegungen, wie

____

____

Kriterien zur Eröffnung eines Girokontos

→ Angaben __________________

Laut Gesetz muss die Bank vor einem Vertragsabschluss den neuen Kunden, anhand eines gültigen Personalausweises oder Reisepasses identifizieren (Geldwäschegesetz). Dies dient u. a. auch zur Überprüfung der Geschäftsfähigkeit des potenziellen Kunden.

© Verlag Europa-Lehrmittel

→ Angabe ____________________

Unterschriftenprobe für alle Personen mit Kontenvollmacht ____________________

____________________ bei Überweisungen, Scheckeinreichungen usw.

→ Die Bank muss auf die__________ hinweisen.

→ Für die Führung eines Girokontos fallen______________ an.

Das Pendant zum Girokonto für private Personen ist für Unternehmen ______________

____________________.

Merkmale eines **Kontokorrentkontos**

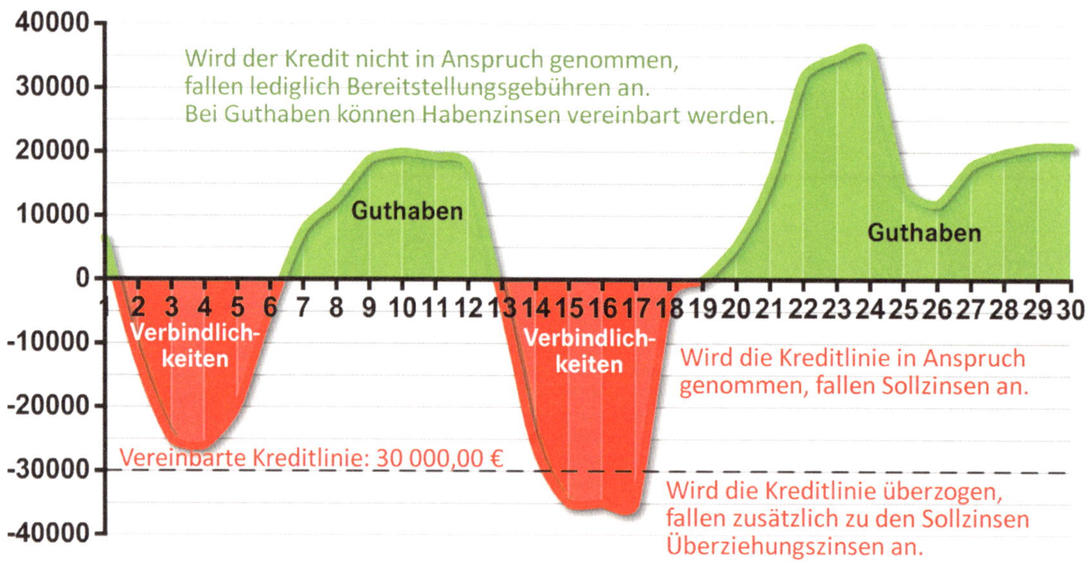

→ Die Möglichkeit einen ____

zu erhalten.

→ Die Kreditlinie wird per ____________________ festgelegt.

→ Bei der Inanspruchnahme der Kreditlinie fallen ____________________ an.

→ Zusätzlich ____________________ zu den Sollzinsen bei Überschreiten der vereinbarten die Kreditlinie.

→ Die Kontobewegungen werden auf dem ____________________ dokumentiert.

→ Der Kontoauszug dient ____________________ für die Buchhaltung.

 © Verlag Europa-Lehrmittel

Aufgaben

1. Die Goggi Kartfun GmbH besitzt ein Kontokorrentkonto beim Bankhaus Muck. Nach Verhandlungen wurde dem Unternehmen eine Kreditlinie in Höhe von 75.000,00 € eingeräumt. Folgende Geschäftsvorgänge ergaben sich im Monat April ...
   01.04. Kontostand 20.000,00 € (Haben)
   03.04. Zahlungseingänge aus den Kart-Verkäufen 19.500,00 €
   04.04. Ein- und Auszahlungen, daher Verringerung des Kontostandes um 30.000,00 €
   07.04. Zahlungsausgänge 12.000,00 €
   10.04. Bezahlung Firmenfahrzeug 60.000,00 €
   11.04. Zahlungsausgänge gesamt 19.000,00 €
   15.04. Zahlungseingänge 34.000,00 €
   20.04. Zahlungseingänge 29.000,00 €
   24.04. Zahlungseingänge 50.000,00 €
   27.04. Zahlungsausgänge 12.000,00 €
   29.04. Lohn- und Gehaltszahlungen 56.000,00 €
   Zeichnen Sie die Zahlungseingänge und -ausgänge in das folgende Verlaufsdiagramm ein. Die vorhandene Kreditlinie muss hierbei ausgezeichnet bzw. farblich gestaltet werden.

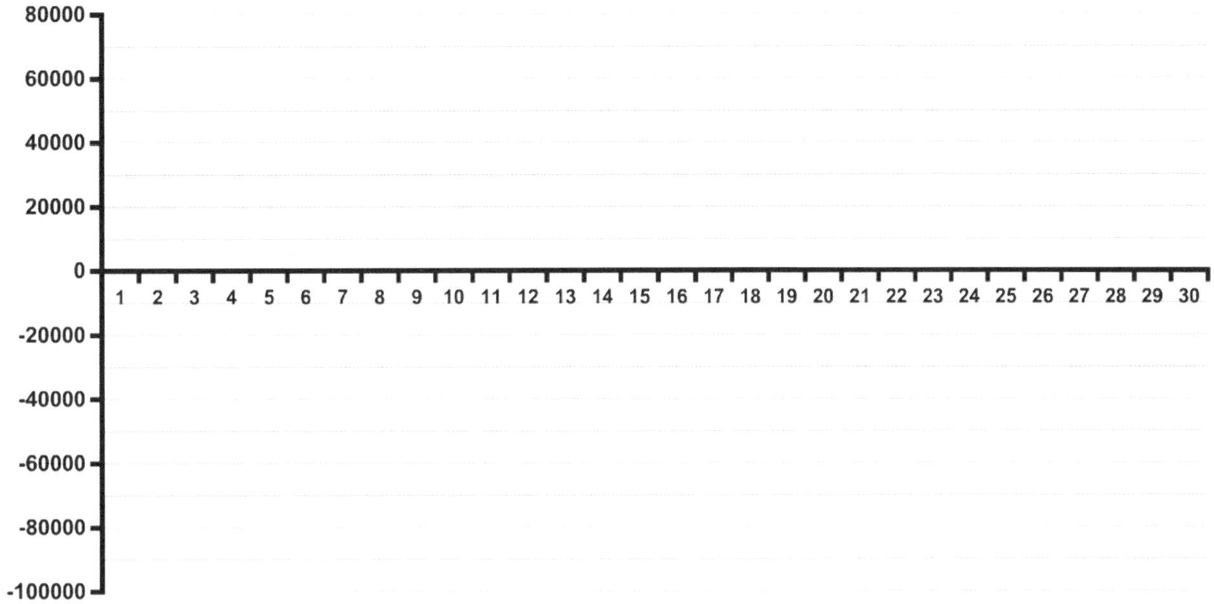

2. Das Tonstudio Sonido GmbH will bei der Aldeo Bank AG ein Geschäfts- bzw. Kontokorrentkonto eröffnen. Das Tonstudio hat für die Verhandlungen dem Kreditinstitut einen Businessplan vorgelegt, sowie bestehende Sicherheiten beigebracht. Für Frau Sonido, Geschäftsführerin des Tonstudios geht es nun darum, die Konditionen und eine mögliche Kreditlinie auszuhandeln.

Firmenkundenbetreuer: „Also Frau Sonido, der Businessplan und ihre Vorausschau bzw. ihr Forecast sehen ja sehr positiv aus. Wir sollten uns jetzt über die Kreditlinie und die Konditionen unterhalten. Grundsätzlich bieten wir mit unserem Modell MAXI folgende Leistungen an:
Sie erhalten den Onlinebanking-Zugang kostenlos und können darüber sämtliche Transaktionen ausführen. Selbstverständlich erhalten sie der Ordnung halber für ihre Finanzbuchhaltung alle Kontobewegungen einmal monatlich aufgelistet, ohne Gebühren zugesendet. Unser Modell MAXI kostet sie lediglich eine Kontoführungsgebühr von 5,22 €/Monat.
Für die Kontobewegungen erheben wir 0,09 €/Buchung. Unsere Abrechnung ersehen sie auf ihrem Kontoauszug."

Frau Sonido: „Über ihre Konditionen habe ich mich bereits informiert, aber trotzdem, danke für ihre ausführliche Darstellung. Wichtig ist für mich ein finanzieller Spielraum, um flexibel arbeiten zu können. Wenn ich kurzfristig liquide Mittel benötige, möchte ich nicht jedes Mal einen Kreditantrag bei ihnen stellen müssen, sondern mich frei bewegen können. Wie hoch würden sie die Kreditlinie aufgrund der ihnen vorliegenden Zahlen ansetzen und was würde mich eine Inanspruchnahme kosten?"

Firmenkundenbetreuer: „Gegenfrage, an welche Summe hätten sie denn dabei gedacht?"

Frau Sonido: „Also ich dachte an eine Kreditlinie in Höhe von 100.000,00 €."

Firmenkundenbetreuer: „Ich denke, dies ist bei dem anvisierten Umsatz und ihren Sicherheiten eine durchaus realistische Summe.
Die Sollzinsen liegen sodann bis zu dieser Grenze bei 9,5 % p. a. und sollten sie tatsächlich einmal diese Linie kurzfristig überziehen müssen, und wir dies dulden, schlägt diese Überziehung nochmals mit 4,5 % p. a. zu Buche."

Frau Sonido: „Diese Verzinsung ist ja dreimal so hoch, wie bei langfristigen Krediten."

Firmenkundenbetreuer: „Ja, das sehen sie ganz richtig. Es wäre sehr ungünstig, damit große Investitionen zu tätigen. Der Nutzen einer solchen Kreditlinie liegt ja wohl eher in der kurzfristigen Liquiditätssicherung.
Übrigens, das muss gesagt sein, wir verlangen keine Zinsen für die Bereitstellung dieser Kreditlinie, so wie viele unserer Mitbewerber."

Frau Sonido: „Wie lange kann ich mich frei bewegen? Ist die Kreditlinie zeitgebunden?"

Firmenkundenbetreuer: „Bei uns beträgt die Laufzeit ein Jahr und verlängert sich in aller Regel stillschweigend um ein weiteres Jahr. Die Absicherung dieses Kontokorrentkredits sollten wir jedoch noch detailliert besprechen."

 © Verlag Europa-Lehrmittel

a) Stellen Sie die Vorzüge und Nachteile eines Kontokorrentkontos dar.

Vorteile	Nachteile

b) Das Tonstudio Sonido GmbH hat nun die ersten drei Monate nach Unternehmensgründung hinter sich gebracht. Das Unternehmen erhielt soeben die vierteljärliche Abrechnung für ihr Kontokorrentkonto bei der Aldeo Bank AG auf dem Kontoauszug dokumentiert.
Im abgerechneten Zeitraum vom 01.01... bis zum 31.03... hat das Unternehmen die Leistungen der Bank folgendermaßen in Anspruch genommen:
Nutzung der Kreditlinie für 14 Tage mit 35.000,00 €
Zusätzlich wurde die Kreditlinie für 5 Tage mit 5.000,00 € überzogen.
In der Abrechnungsperiode wurden 82 Buchungen durchgeführt.
Berechnen Sie die Kosten für die Inanspruchnahme der Leistungen der Bank und vervollständigen Sie den Kontoauszug.
(Anmerkung zu Zinsberechnung: ein Jahr = 360 Tage)

Aldeo Bank

KONTOAUSZUG

IBAN	Datum	Umsatzzeitraum	Auszug	Blatt
DE92 1022 5060 2011 01	31.03...	28.03... - 31.03...	3	5

Kontoinhaber

Tonstudio Sonido GmbH
Holzweg 19
83512 Wasserburg am Inn

Kontohinweis

Filiale
Filiale Wasserburg Am Stadtplatz 3

Ansprechpartner	Telefon
Frau Gärtner	08071 1212 95

Buchung	Wert	Buchungsinformation		
			Ihr alter Kontostand	**15.001,00 € H**
31.03...	31.03...	Saldo der Abschlussposten Zeitraum 01.01... - 31.03... Sollzinsen 9,5 % Überziehungszinsen 4,5 % Kontoführungsgebühr Quartal I Buchungsentgelt (82 Buchungen)		
			Ihr neuer Kontostand	

USt-IDNr. DE510209778 www.aldeo-bank.de BIC BILADOM1WSB

SEPA-Überweisung

Eine Überweisung ist die ______________________________

von einem Konto auf ein anderes Konto.

Im Rahmen der Harmonisierung und Vereinheitlichung des Zahlungsverkehrs, vor allem im europäischen Raum, wurden die ______________ und die ______________ eingeführt.

Die Zahlungsaufträge werden über das ______________________________

______________________________ durchgeführt.

 © Verlag Europa-Lehrmittel

Das Formular für die EU-Standardüberweisung orientiert sich an normalen Überweisungen.

Die **IBAN (International Banking Account Number)** stellt eine ____________________________ ____________________________________ dar.

Jede am SWIFT-Netz teilnehmende Bank bekommt eine eindeutige Kennung, den sogenannten ____________________________________ .

Aufgabe

1. Frau Sonido hat im Zuge von Erweiterungsmaßnahmen neue Gerätschaften für ein zweites Tonstudio bestellt. Die Rechnung von Soundmix Villa Ltd. erhält sie heute per Post.

   a) Vervollständigen Sie nebenstehende Rechnung und ermitteln Sie hierfür die entsprechenden Beträge.

Soundmix Villa Ltd.

Soundmix Villa Ltd. • Goethestr. 12 • 85356 Freising

Tonstudio Sonido GmbH
Holzweg 19
83512 Wasserburg

USt-IdNr. DE8226140779
St.-Nr.: 217/104/54001
Telefon 08161 123456 0
Telefax 08161 123456 3

Rechnung

Freising, den 13.04...

Bei Zahlungen bitte angeben

Kunden-Nr.	Rechnungs-Nr.	Rechnungsdatum	Lieferdatum	Auftrags-Nr.	Auftragsdatum	Bestell-Nr.
240001	10188	13.04...	10.04...	AB-8/025	28.03...	B-19805

Pos.	Art.-Nr.	Produkt	Stück	Einzelpreis	Gesamtpreis
1	7002	Moriss Multimix	2	679,00 €	
2	7110	Software Studio Live 11	1	349,00 €	
3	7500	Adon 2022 + OP Stereo Bundle	1	3.699,00 €	

Zwischensumme	
abzüglich 10 % Rabatt	
Gesamtpreis netto	
zzgl. Umsatzsteuer 19 %	
Rechnungsbetrag brutto	
Skontobetrag brutto	
Bei Skontoabzug zu zahlen	

Zahlungsbedingungen:
Innerhalb 10 Tagen 2 % Skonto
Innerhalb 30 Tagen netto

Amtsgericht Freising HRB 8536
Geschäftführer Paul Steller

Bankverbindungen
Sparkasse Freising
IBAN DE13 7005 1003 0005 8697 07
BIC BYLADEM1FSI

b) Die Geschäftsführung der Tonstudio Sonido GmbH bittet Sie, die Rechnung am 28.04... per Online-Überweisungsverfahren zu begleichen.

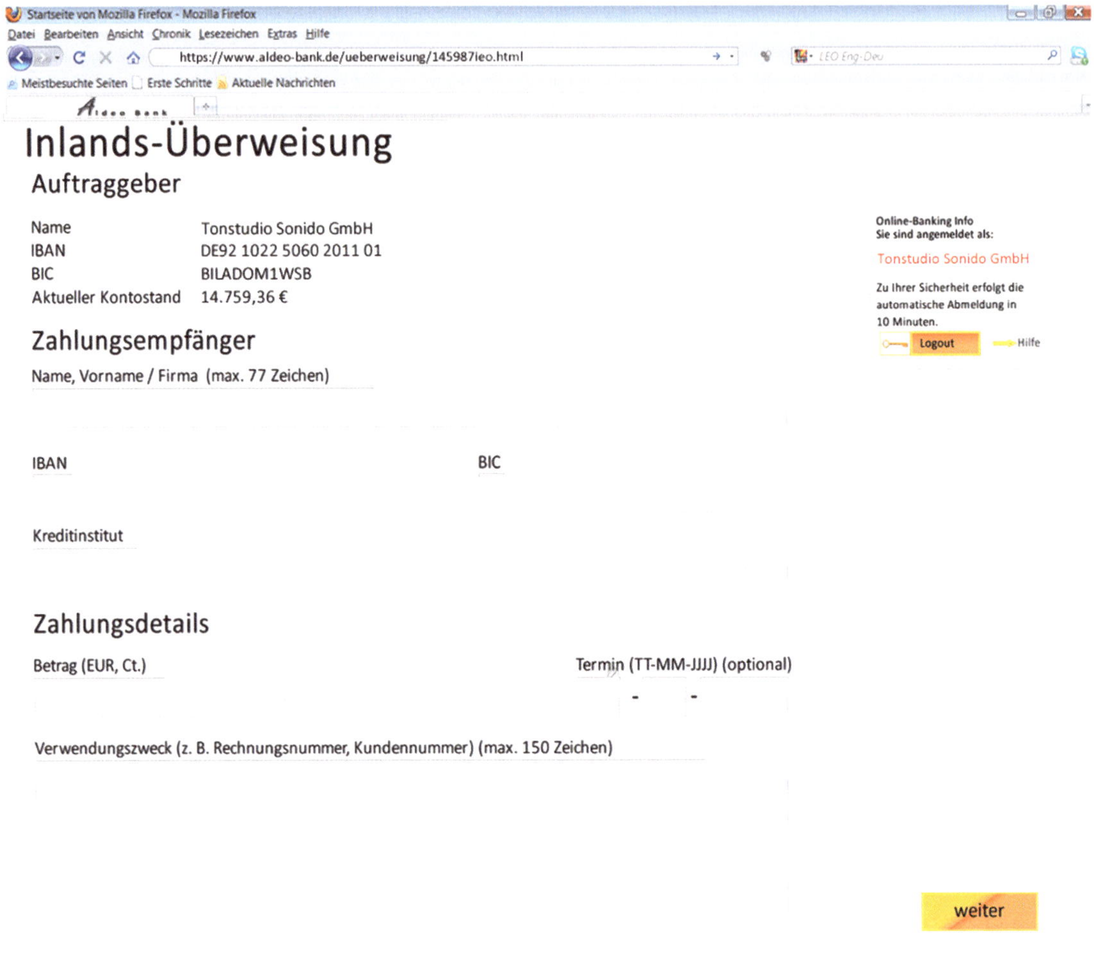

Verrechnungsscheck

Schecks sind sicherer, wenn Sie als Verrechnungsscheck deklariert sind.

Ein Verrechnungsscheck ist ein Scheck, der ______________________ an den Inhaber ausgezahlt werden darf. Da ein Verrechnungsscheck immer über ein Konto eingelöst werden muss, kann der ______________________________________ nachverfolgt werden.

Zur Kennzeichnung ist der Hinweis ____________________ auf dem Scheck zu vermerken.

 © Verlag Europa-Lehrmittel

Der Vermerk kann auch ______________

__________________ und wird durch

durchstreichen __________________.

Aufgabe

1. Als Mitarbeiter der Goggi Kartfun GmbH haben Sie die Artvollmacht, Warenlieferungen anzunehmen und Zahlungsvorgänge durchzuführen.
   Für den Ankauf von fünf Eurogitterboxen (Preis/St. 200,00 € zzgl. 19 % MwSt.) von der Firma Paletten Pale GmbH, Holzgitterweg 75 aus 83313 Siegsdorf, stellen Sie einen Scheck aus. Herr Vitus bittet Sie hierzu, den Scheck zur Sicherheit in einen Verrechnungsscheck umzuwandeln.

Bankhaus
muck

DE

Zahlen Sie gegen diesen Scheck

EUR

Betrag: Euro, Cent

____
Betrag in Buchstaben

____
noch Betrag in Buchstaben

an ______________________________ oder Überbringer

____
Ausstellungsort, Datum

____
Unterschrift des Ausstellers

Der vorgedruckte Schecktext darf nicht geändert oder gestrichen werden. Die Angabe einer Zahlungsfrist auf dem Scheck gilt als nicht geschrieben.

Scheck-Nr.	X	IBAN	X	Betrag	X	BIC	X	Text
0000001234567		DE90 1234 1234 1234 1234 00				BAMUDE7K01		

Bitte dieses Feld nicht beschriften und nicht bestempeln

Barzahlung

Bei der Barzahlung wird ______________________________ verwendet. Gläubiger und Schuldner wickeln ihre Transaktion mit ________________________ ab.

Aufgabe

1. Verfolgen Sie die Unterhaltung von Helena und Ernie. Die beiden unterhalten sich über die Vorzüge und Nachteile der Barzahlung.
Stellen Sie deren Argumente in der nachfolgenden Tabelle gegenüber.

Vorteile	Nachteile
______________________	______________________
______________________	______________________
______________________	______________________
______________________	______________________
______________________	______________________

 © Verlag Europa-Lehrmittel

Quittung

Nicht nur für die Buchhaltung, sondern auch als Beweismittel ist es notwendig, ________

____ über diese zu erhalten. Der Beleg erfolgt in

Form einer Quittung, in der die ____.

Nach ***§ 368 BGB Quittung*** gilt:
„Der Gläubiger hat gegen Empfang der Leistung auf Verlangen ein schriftliches Empfangsbekenntnis (Quittung) zu erteilen…“

Aufgabe

1. Die Kartbahn Speedy e. K. kauft bei Goggi Kartfun GmbH einen Kart, Modell F-04 junior, Kaufpreis brutto 1.725,00 €. Frau Franz bezahlt in bar und benötigt selbstverständlich für ihre Buchhaltung einen quittierten Beleg für diese Transaktion.
   Nun, da Sie bereits in Ihrer zweiten Praktikumswoche bei Goggi Kartfun GmbH beschäftigt sind, übergibt man Ihnen gerne den Auftrag zur Erstellung der Quittung. Herr Vitus merkt an, die vorangegangene Quittung hatte die laufende Nummer 11/145 und die Auftragsnummer lautet A-11/008554.
   Stellen Sie die Quittung aus.

Quittung

Nr. __________

Nettobetrag	EUR		Ct	
+ 19 % MwSt.	EUR		Ct	
Gesamtbetrag	EUR		Ct	

Gesamtbetrag in Worten

Cent wie oben

von

für

dankend erhalten.

Ort	**Datum**
Buchungsvermerke	Stempel/Unterschrift des Empfängers

© Verlag Europa-Lehrmittel

Lernsituation 5

Ausgangssituation:

Florentina Angermeier hat soeben ihr Studium an der Akademie für Modedesign in Mailand abgeschlossen. Nun plant sie, in ihrer Heimatstadt Burghausen einen eigenen Laden zu eröffnen. Sie hat auch schon das passende Objekt gefunden. Da sie sich auf historische Gewänder spezialisiert, ist die Altstadt von Burghausen mit ihren historischen Bauten und ihren geschichtsträchtigen Gemäuern das ideale Ambiente für ihren Traum.

Florentina hat zwar im Studium auch kaufmännisches Wissen erworben, nur zählt dieser Bereich nicht gerade zu ihren Stärken. Aus diesem Grund sollen Sie ihr, als Person ihres Vertrauens hilfsbereit zur Seite stehen.

Das mit der Gewerbeanmeldung ging ganz flott. Sie firmiert als „Moda Historica Florentina Angermeier“. Kommende Woche soll der Mietvertrag für den Laden unterschrieben werden. Wenn nur das mit den Finanzen nicht wäre. Ihr Vater rät ihr, sie solle ein eigenes Firmenkonto eröffnen.

Florentina: „Wie froh wäre ich, wenn ich das alles schon hinter mir hätte und an meinen Entwürfen arbeiten könnte. Aber das mit der Bank, das nimmt mir wohl keiner ab, außer...“

Sie: „Sag’ es schon: ... außer ich helfe dir dabei. Das wolltest du doch sagen, oder?“

Florentina: „Wie hast du das erraten? Aber im Ernst, ich kenn mich da so gar nicht aus. Ein Firmenkonto, wie eröffnet man das eigentlich und vor allem, was brauche ich dazu? Eigentlich möchte ich Privates und Geschäftliches klar voneinander trennen. Dafür ist es zwangsläufig notwendig, ein Geschäftskonto zu eröffnen. Und ich hab’ mal gehört, dass man dieses auch überziehen kann und das soll übrigens auch gar nicht so viel kosten.“

Sie: „Florentina, ganz so einfach ist das nicht und die Kosten sind auch nicht zu unterschätzen. Ich mach’ mich für dich schlau.“

...

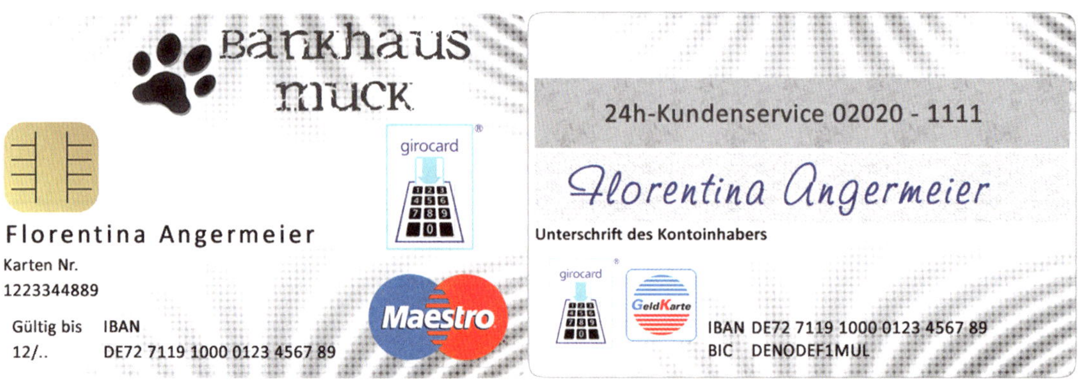

 © Verlag Europa-Lehrmittel

Florentina: „Schön, jetzt habe ich ein eigenes Geschäftskonto. Aber muss ich denn jedes Mal zur Bank, wenn ich eine Zahlung leiste? Gibt es keine andere Möglichkeit, das alles bequemer zu gestalten? Du weißt doch, ich sollte eigentlich nur noch an meinen Entwürfen und Modellen arbeiten. Bei dem ganzen finanziellen Kram komme ich ja gar nicht mehr dazu, die Modelle zu verkaufen."

...

Florentina: „Sieh mal, ich hab' bei eBay eine gebrauchte Registrierkasse ersteigert. Die ist von 1950 und funktioniert noch einwandfrei. Wechselgeld habe ich auch schon drin. Sieht doch gut aus. Ein bisschen Bammel habe ich davor, Bargeld im Geschäft zu lassen. Man liest ja so einiges. Gibt es da nichts Sichereres?"

Sie: „Ich möchte dir deine Registrierkasse aus dem Jahre 1950 ja nicht madig machen, aber modern ist 'was anderes. Das wäre das Gleiche, wie wenn du mit einer Nähmaschine mit Fußantrieb deine Kostüme nähen müsstest. Dabei gibt es heute viele Zahlungssysteme, die auch für deine Kunden bequem sind."

Florentina: „Na ja, du hast ja Recht, aber ich bin eine unverbesserliche Romantikerin. Deshalb bin ich dir auch sehr dankbar, dass du mich im bürokratischen Desaster unterstützt. Oh je, jetzt wird es aber Zeit, ich muss mich um meine Schneiderarbeit kümmern. Ich habe eine Wahnsinnsbestellung reinbekommen. Für einen Südtiroler Verein soll ich zwei Bauernkleider, ein frühbarockes Kleid und ein Rokokokleid nähen. Den Auftrag hab' ich bitter nötig, denn die Rechnungen stapeln sich schon. Und was mir echt peinlich ist, ich müsste die erste Miete schon bezahlen. Kannst du ...?"

Sie: „Ich hab' schon verstanden. Wo sind die Rechnungen? Aber bitte glaube nicht, dass dies zur Gewohnheit wird."

Florentina: „Natürlich nicht. Und für deine Hilfe würde ich dir gerne ein Kostüm nähen, wenn dir so was gefällt."

Sie: „Eine Hand wäscht die andere. Ich wollte schon immer mal ein Musketier sein. Aber arbeite erst mal deine Bestellung ab. Ich helfe gerne."

→ Handlungsauftrag

Nachfolgende Schreiben sind bereits bei Florentina eingegangen.
Überprüfen Sie die eingegangenen Rechnungen und begleichen Sie diese nach Dringlichkeit. Da, wie Sie gesehen haben, Florentina wenig Zeit hat und auch nicht über das entsprechende Fachwissen verfügt, ordnen Sie den Rechnungen die bequemste Zahlungsweise zu. Richten Sie, sofern möglich, automatische Zahlungssysteme ein. Die hierfür notwendigen Schritte erledigen Sie im Onlineverfahren. Falls dies aus technischen Gründen nicht möglich ist, besorgen Sie sich die entsprechenden Unterlagen bei einer Bank Ihrer Wahl.

Abschließend erstellen Sie für Florentina eine Übersicht über die möglichen Zahlungssysteme, die sie selbst zukünftig nutzen bzw. ihren Kunden anbieten kann.

Credit Card
onecard4u

Moda Historica
Frau Florentina Angermeier
In den Grüben 14
84489 Burghausen

CreditCardAG
60047 Frankfurt am Main
Telefon 0180 123456789
Telefax 069 12853697 0
Internet www.creditcard.de
E-Mail service@creditcard.de

Sehr geehrte Frau Angermeier,

wir gratulieren Ihnen zu Ihrer persönlichen Kreditkarte aus dem Haus CreditCard.
Sie haben ab sofort Zugriff auf unser vollständiges Serviceangebot.
Vergessen Sie bitte nicht, Ihre Kreditkarte zu unterschreiben.
Ihre persönliche Geheimzahl erhalten Sie mit separater Post.

Bei Verlust lassen Sie bitte unverzüglich die Kreditkarte unter der kostenlosen Servicenummer

116 116

sperren.

Ein weiteres Serviceangebot für Sie:
Einmal pro Monat erhalten Sie von uns Ihre Kontoabrechnung. Lassen Sie den fälligen Betrag einfach direkt von Ihrem Konto abbuchen.
Die hierfür notwendigen Unterlagen erhalten Sie als Anlage zu diesem Schreiben.

Mit freundlichen Grüßen,

Ihre CreditCard

 © Verlag Europa-Lehrmittel

SEPA-Firmenlastschrift-Mandat

erteilt durch:

Vorname und Nachname/Firma

Straße und Hausnummer

Postleitzahl Ort

erteilt für

Vorname und Nachname/Firma

Straße und Hausnummer

Postleitzahl Ort

Ich ermächtige / Wir ermächtigen den Zahlungsempfänger, Zahlungen von meinem / unserem Konto mittels Lastschrift einzuziehen. Zugleich weise ich mein / weisen wir unser Kreditinstitut an, die vom Zahlungsempfänger auf mein / unser Konto gezogenen Lastschriften einzulösen.

Kontoverbindung

Geldinstitut

IBAN

BIC

Ort, Datum Unterschrift

Stoffe Rebotnocik

Stoffe Rebotnocik * Mozartstr. 145 * A-1120 Wien

Moda Historica
Frau Florentina Angermeier
In den Grüben 14
D - 84489 Burghausen

Mozartstr. 145
A-1120 Wien
Telefon: +43 (2166) 12345 6
Fax:+43 (2166) 12345 7
office@rebotnocik.at
USt.-IdNr.: ATU52752704

Kundeninfo	
Rechnungsdatum	05.02...
Auftrag-Nr.:	12878
Lieferungdatum	05.02...
Kunden-Nr.:	24A2155
Versandart	frei Haus
Verkäuferin	Fr. Morovitz

Rechnung Nr. 14003

Herzlichen Dank für Ihre Bestellung.
Wir erlauben uns folgende Posten in Rechnung zu stellen.

Pos.	Menge	Artikel	Preis pro lfd. m	Total
1	20,00 m	Brokat nachtblau	18,90 €	378,00 €
2	15,00 m	Leinen natur	17,90 €	268,50 €
3	10,00 m	Futter	14,99 €	149,90 €
4	10,00 m	Wildleder Imitat	21,99 €	219,90 €
			Nettobetrag	1.016,30 €
			20 % MwSt.	203,26 €
			Gesamtbetrag	1.219,56 €

Fälligkeitsdatum: 04.03... rein netto

Wir laden Sie herzlichst zu unserer Hausmesse am 14.04... ein.
Verpassen Sie nicht, sich über unser großes Sortiment an historischen Stoffen zu informieren.

Bankverbindung: Bankhaus Austria
BIC: BKAUATWW
IBAN: AT811200010910054675

Florian Ritter * In den Gruben 409 * 84489 Burghausen

Moda Historica
Frau Florentina Angermeier
In den Grüben 14
84489 Burghausen

Mietzinszahlung Mietobjekt In den Grüben 14

Sehr geehrte Frau Angermeier,

ich hoffe, Sie haben sich mittlerweile in Ihrem Laden eingelebt und fühlen sich wohl.

Wie vereinbart, erhalten Sie nun folgend meine Kontoverbindung, sodass Sie die notwendige Überweisung der Mietzinszahlungen von 1.300,00 EUR bis zum 5. des Folgemonats auf mein Konto anweisen können.

Florian Ritter
Volksbank Burghausen
IBAN DE28 7109 3000 0001 2512 51
BIC VOBUDE3KXX

Mit freundlichen Grüßen

Florian Ritter

© Verlag Europa-Lehrmittel

Sister Nähmaschinen AG • Mühlenweg 23-30 • 85049 Ingolstadt

Moda Historica
Frau Florentina Angermeier
In den Grüben 14
84489 Burghausen

Sister Nähmaschinen AG
Telefon 0841 12345 6
Telefax 0841 12345 67
E-Mail info@sisterag.de
Internet www.sisterag.de

Rechnung

Ihr Auftrag vom:	Ihre Bestellnr:	Unsere Auftragsnr.:	LS-Nr.:	Rechnungsnr.:	Rechnungsdatum
01.02...	..-128	2010250	20102050	AR 20103050	04.02...

Sehr geehrte Frau Angermeier,

entsprechend unserer Vereinbarung erlauben wir uns, Ihnen die folgenden Positionen zu berechnen:

Lfd. Nr.	Position	Stück	Einzelpreis	Summe
1	Sister Sewing professional	1	6.389,00 €	6.389,00 €
2	Sister Overlock Maschine RP-6006	1	1.645,00 €	1.645,00 €
3	Sister Cutwork (Software für Sewing prof.)	1	299,00 €	299,00 €

Rechnungsbetrag netto	8.333,00 €
zzgl. gesetzl. MwSt.	1.333,28 €
Rechnungsbetrag brutto	9.666,28 €

Zahlungsbedingungen: 14 Tage 3 % Skonto, 30 Tage netto Kasse

Sister Nähmaschinen AG
Mühlenweg 23-30
85049 Ingolstadt
Telefon 0841 12345 6
Telefax 0841 12345 67

Vorstand:
Dr. Fritz Wertig, Vorsitzender
Mia Dakor
Dr. Kelly Meyers
Vorsitzender d. Aufsichtsrats
Prof. Dr. Ulf Glas

Bankverbindungen:
Sparkasse Ingolstadt
IBAN DE17 7215 0000 0009 8765 43
BIC SPAIDE8LXX

Amtsgericht Ingolstadt HRB 39 501
USt-IdNr. DE789456789

Secura AG

Versicherungsschein vom 10.03...
Betriebshaftpflichtversicherung GHA 41/967/3216549/987

Versicherungsnehmer

Moda Historica
Florentina Angermeier
In den Grüben 14
84489 Burghausen

Es betreut Sie

Hauptvertretung
Pit Wenster
83022 Rosenheim
08641 12345 67
08641 12345 693
Pit.wenster@secura.de

Beginn und Dauer der Versicherung
Die Versicherung beginnt am 01.03...mit einer Laufzeit von drei Jahren.
Der Vertrag verlängert sich mit Ablauf um ein Jahr, sofern nicht drei Monate vorher eine schriftliche Kündigung der Vertragspolice durch den Versicherungsnehmer erfolgt.

Versichertes Risiko und Beitragsrechnung
Versichert ist die gesetzliche Haftpflicht des Versicherungsnehmers.

Modedesignerin
Risikoort: In den Grüben 14, 84489 Burghausen
1 Person
Mindestbetrag — 320,00 EUR

Mitversichert ist die gesetzliche Pflicht öffentlich-rechtlichen Inhalts gemäß Umweltschadensgesetz zur Sanierung von Umweltschäden im Umfang der Allgemeinen Versicherungsbedingungen für die Öko-Haftungsversicherung für Betriebe.

15,00 % Dauernachlass — 48,00 EUR

Jahresbeitrag — 272,00 EUR

Selbstbehalt
Im Schadensfall hat jeder Versicherte von der Schadensersatzleistung 250 EUR selbst zu tragen.

Versicherungssumme
Die Versicherungssumme beträgt, je Versicherungsfall, 15.000,00 EUR für Personen- und Sachschäden.

Secura AG * Sonnenplatz 39 * 83022 Rosenheim
Bankverbindung: Seine Bank 24 * IBAN DE24 7016 1011 9855 5532 10 * BIC SEBADE7L13

3.2 Eine Werbemaßnahme entwickeln

1 Einführung

Werbung ist ein dominanter Bestandteil des ____________________ .

Wer auf sich aufmerksam macht, kann wahrgenommen werden und seine Produkte und Dienstleistungen verkaufen. Und wer verkaufen möchte, muss u. a. wissen, was ________ ____________________ .

Die Missachtung der Marktgegebenheiten kann für Unternehmen ____________________ ____________________ haben. Wenn Produkte am Markt floppen, führt dies zu ________ ____________________ und ____________________ .

Aus diesem Grund betreiben Unternehmen Marktforschung.

Sie ist die systematische ____________________ ____________________ von Daten über ____________________ ____________________ .

Marktanalyse und Marktbeobachtung dienen dazu, den potenziellen Käufer ________ ____________________ , um die Produkte ____________________ ____________________ zu können.

2 Inhaltliche Konzeption der Werbemaßnahmen

Kunden treffen ihre Kaufentscheidungen in den meisten Fällen ____________________ und begründen im Anschluss für sich selbst den Kauf mit ______________________________

____ .

In diesem Wissen folgen Werbetreibende bestimmten ______________________________ , wie z. B. der Copy-Strategie, um dem Kunden die Kaufentscheidung möglichst leicht zu machen.

Sie ist die ____

bzw. Umsetzung der ______________________________ .

Die Copy-Strategie arbeitet mit drei Ausrichtungen:

- Produktversprechen bzw. Kundennutzen (Consumer Benefits), z. B. ________________
  ____
  ____
  ____
- Begründung (Reason Why), z. B. Kaufverstärker ____________________________
  ____
  ____
  ____
- Gestaltungsstil (Tonality), z. B. ____
  ____
  ____
  ____

Aufgaben

1. Die Firma Red Bull GmbH zählt unumstritten weltweit zu den erfolgreichsten Anbietern von Energy-Drinks. Der Marktanteil wird auf circa 43 %[1] geschätzt. Die Aktivitäten, die das Unternehmen im Bereich der Öffentlichkeitsarbeit (Public Relations) betreibt, sind sehr kreativ und auf alle Fälle spektakulär.
   Gehen Sie auf die Internetseite von Red Bull GmbH (www.redbull.de) und prüfen Sie deren Copy-Strategie. Erstellen Sie mit den Ergebnissen aus Ihren Nachforschungen eine Prezi-Präsentation.

---

1 Stand 2013

© Verlag Europa-Lehrmittel

Notizen Sch

2. Unternehmen bauen systematisch ihre Marke auf. Ein Wiedererkennungseffekt soll gewährleistet sein bzw. der Kunde soll das Produkt mit dem Unternehmen sofort in Verbindung bringen.
Ordnen Sie nachfolgende Stilmittel den entsprechenden Firmen zu.

→ Just do it
→ Musiknoten c, c, c, e, c
→ Dunkelblauer Hintergrund und weiße Schrift
→ Schriftart „Helvetica Neue“
→ Drei Streifen Adidas
→ Gelber Hintergrund mit einem blauen Buchstaben
→ Springendes Raubtier
→ Lila Kuh Milka
→ Katzen würden Whiskas kaufen
→ Vom Würstchen das Beste
→ Die wahrscheinlich längste Praline der Welt
→ George Clooney
→ Klementine Waschmittel
→ Werbespot Superbowl 2011 „The Force“

3. Untersuchen Sie in Gruppenarbeit die verwendeten Stilmittel einer Werbekampagne eines Unternehmens Ihrer Wahl. Differenzieren Sie, welche Zielgruppen *wie* angesprochen werden.
Erstellen Sie in Zusammenarbeit mit dem Fach Informationsverarbeitung, z. B. mit der Web-App „Canva" (https://www.canva.com/) ein aussagekräftiges Plakat und stellen es Ihrer Klasse vor.

____

3 Werbegrundsätze

Die Werbewirkung bezeichnet den Einfluss der Werbung auf den Konsumenten. Allerdings muss die Werbung auch ____________________ erfüllen.

Aufgaben

1. Ordnen Sie zu, welche Grundsätze der Werbung bei den folgenden Statements angesprochen werden.

Nach dem Gesetz gegen den unlauteren Wettbewerb darf man die Verbraucher nicht täuschen und keine Lügen verbreiten. Das heißt, man darf nicht gegen die guten Sitten verstoßen oder Wettbewerber in einem falschen Licht darstellen.

Werbewahrheit

Was hilft die schönste Werbung, wenn der Kunde nicht nachvollziehen kann, worin die Werbeaussage besteht. Nur wenn die Werbeaussage eindeutig und verständlich transportiert wird, kann der größtmögliche Nutzen erzielt werden.

____

Wissen Sie, wie viel Werbung kostet? Da ist es doch nur logisch, dass wir den möglichen Nutzen messen. Dies an Zahlen festzumachen, ist nicht immer einfach. Wir gehen so vor, dass wir den Ertragszuwachs und den Werbeaufwand zueinander ins Verhältnis setzen.

____

Werbung muss so gestaltet sein, dass die Ziele erreicht werden. Wir überprüfen dies in sogenannten Pretests (Vortests) mit Versuchspersonen. Zusätzlich führen wir ein Werbemonitoring durch. Hier wird in Befragungen untersucht, wie hoch die Erinnerungswirkung der Werbung ist.

____

 © Verlag Europa-Lehrmittel

2. Bewerten Sie die folgenden Plakate, ob diese den Werbegrundsätzen entsprechen.

Werbewahrheit

3. Schließen Sie sich zu Arbeitsgruppen zusammen und stellen anhand eines frei gewählten Werbeplakats und/oder Werbespots die AIDA-Formel dar.
Ihre Ergebnisse fassen Sie zu einer PowerPoint-Präsentation zusammen und stellen diese Ihrer Klasse vor.

4 Rechtliche Rahmenbedingungen

Das Kennzeichen einer Marktwirtschaft ist unter anderem ______________________________ ______________________. Nicht nur aufgrund der Globalisierung ist der Wettbewerb härter geworden. Es wird nicht immer mit fairen Mitteln um Kunden gekämpft. Hier ist es Aufgabe der Gesetzgebung, die ____ ________________________________ zu schaffen, damit der Wettbewerb zwar frei, aber dennoch in geregelten und fairen Bahnen ablaufen kann.

Gesetz gegen den unlauteren Wettbewerb (UWG)

§ 1 UWG
Dieses Gesetz dient dem Schutz der Mitbewerber, der Verbraucherinnen und Verbraucher sowie der sonstigen Marktteilnehmer vor unlauteren geschäftlichen Handlungen. Es schützt zugleich das Interesse der Allgemeinheit an einem unverfälschten Wettbewerb.

Aufgabe

1. Recherchieren Sie in Gruppenarbeit die ***§ 3 UWG*** bis ***§ 8 UWG.***
Finden Sie für jeden der genannten Paragrafen ein aussagekräftiges Beispiel.

____
____
____
____
____
____
____
____
____
____
____
____

 © Verlag Europa-Lehrmittel

5 Werbung gestalten

Projektauftrag

Gestalten Sie mit Ihrer Klasse eine internationale Werbekampagne zu einem Thema Ihrer Wahl. Erstellen Sie hierzu eine Projektmappe.
Zur Ausarbeitung der Copy-Strategie und der Umsetzung Ihrer Ideen arbeiten Sie mit den Fächern Deutsch, Englisch und Informationsverarbeitung zusammen.
Beziehen Sie bei der Gestaltung Ihrer Werbung unterschiedliche Kommunikationskanäle mit ein.
Reflektieren Sie Ihr Projekt und führen Sie, falls notwendig Verbesserungsmaßnahmen durch.

Notizen

3.3 Waren und Dienstleistungen verkaufen

1 Auf eine Kundenbestellung reagieren

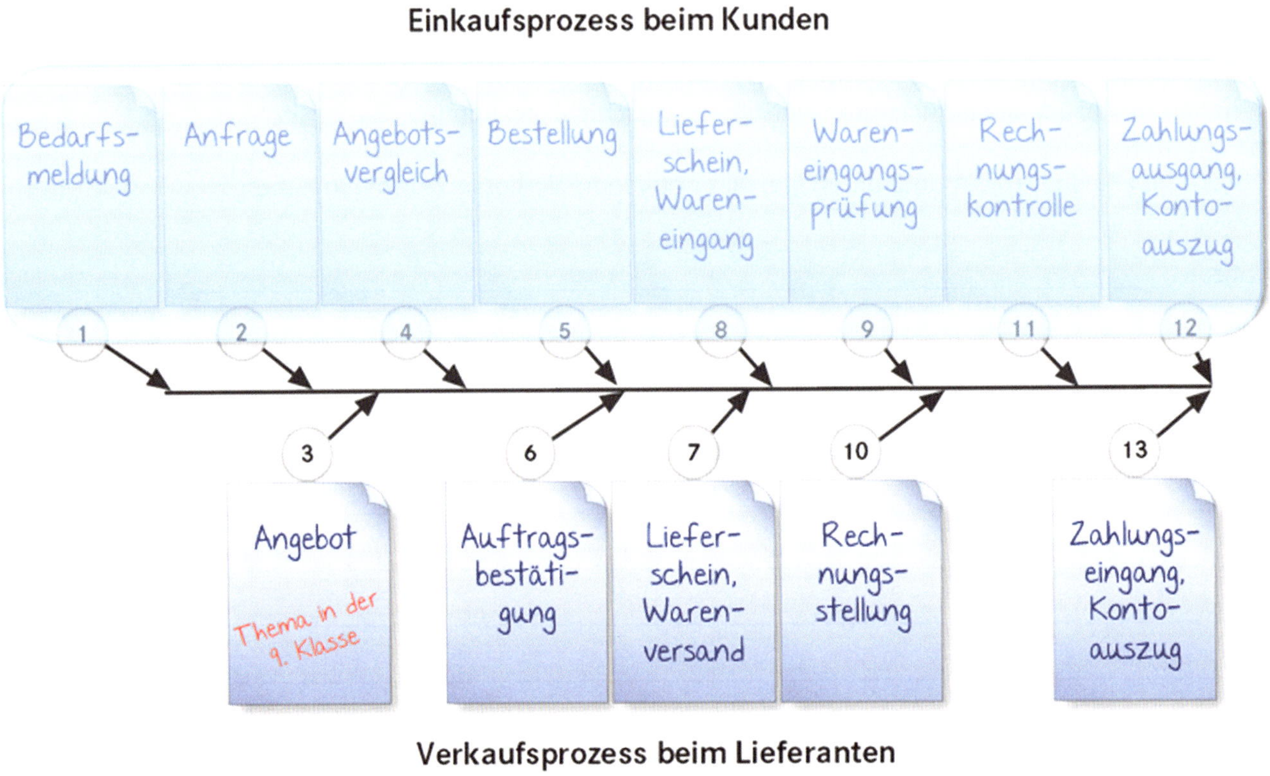

Der Verkaufsprozess ist das klassische Pendant, das heißt es ist die ____________________

____________________ zum Einkaufsprozess.

1.1 Liefer- bzw. Leistungsfähigkeit

Nach Eingang der Bestellung, und noch ____

an den Kunden versendet werden kann, erfolgen die firmeninternen Überprüfungen

____ und ________________

____.

 © Verlag Europa-Lehrmittel

Aufgaben

1. Im Onlineshop der Goggi Kartfun GmbH trifft die Bestellung des Neukunden Freizeitpark DEBTS GmbH ein. Herr Vitus freut sich über die Order mit einem Bestellvolumen von 36.595,00 €. Laut AGB des Kartherstellers wird bei Erstkunden automatisch eine Bonitätsüberprüfung durchgeführt. Die Information der Wirtschaftsauskunftei wird der Freizeitpark mit einem SCHUFA-Basisscore von 89 bewertet.

   a) Recherchieren Sie nach zwei klassischen Beispielen von Kreditauskunfteien und stellen deren Aufgaben dar.

   b) Sie erhalten von Herrn Vitus den Auftrag, die Bedeutung des SCHUFA-Basisscores von 89 für die Goggi Kartfun GmbH zu recherchieren und eine Empfehlung zu geben, ob der Auftrag angenommen werden soll.

© Verlag Europa-Lehrmittel

Besteht die Liefer- bzw. Leistungswilligkeit erfolgt im nächsten Schritt die Überprüfung auf Liefer- und Leistungsfähigkeit.

Per Datenaufruf kann z. B. ______________________________ der Lagerbestand abgeglichen werden. Sind die Produkte in der entsprechenden Menge vorrätig, wird ______ ______________________ im Warenwirtschaftssystem angelegt, ______________ ______________________ festgelegt und __________ ______________________

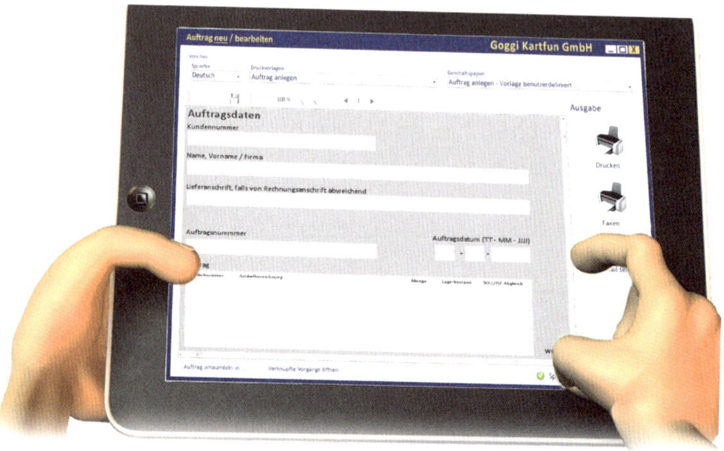

ausgestellt und an den Kunden versendet. Verhindert der Lagerbestand eine sofortige Bearbeitung des Kundenauftrags, ist zunächst der ________________________ ________________________ und somit ________________________ ________________________. Sofern noch keine Bestellung beim entsprechenden Lieferanten erfolgt ist, wird diese über das Warenwirtschaftssystem angestoßen.

1.2 Auftragsbestätigung

Die Auftragsbestätigung ist die deckungsgleiche Willenserklärung bzw. __________ ____________________ , das Angebot bzw. die Bestellung des Käufers zu den genannten Konditionen anzunehmen.

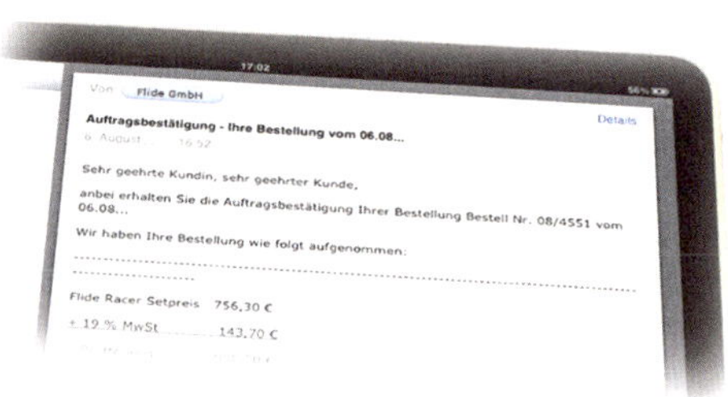

Eine Auftragsbestätigung ist notwendig, wenn ...

- der Bestellung ____________________ ____________________,
- die Bestellung ______________________________,
- die Bestellung ____,
- der Kunde ____,
- im Kaufvertrag eine Auftragsbestätigung ______________________________ ____.

 © Verlag Europa-Lehrmittel

Aufgabe

1. Am 06. Dezember .. erhält Sport Lilly e. K. im Online-Shop auf ihrer Homepage eine Bestellung von Fitness-Studio Mucki e. K., Kundennummer 240013. Nach Abklärung der Lieferwilligkeit und der Lieferfähigkeit freut sich Frau Chorrera über diesen beträchtlichen Auftrag kurz vor Geschäftsjahresende.
Aufgrund des Geschäftstrubels bittet Frau Chorrera Sie, den Auftrag noch am selben Tag schriftlich zu bestätigen und die dazugehörige Auftragsnummer zu vergeben.
(Hinweis: Ob es am Weihnachtstrubel oder an der Software liegt – auf alle Fälle hat sich ein Fehler eingeschlichen.)

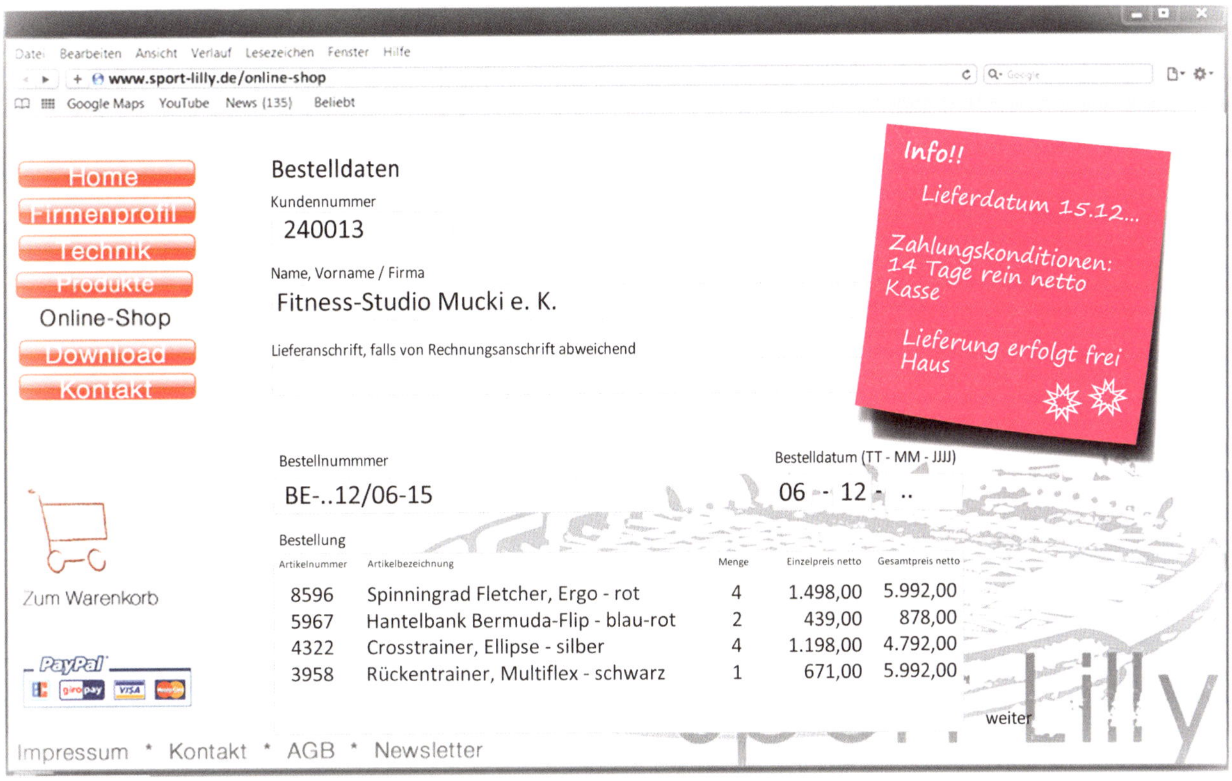

Datei Bearbeiten Ansicht Verlauf Lesezeichen Fenster Hilfe

www.sport-lilly.de/online-shop

Google Maps YouTube News (135) Beliebt

Home
Firmenprofil
Technik
Produkte
Online-Shop
Download
Kontakt

Zum Warenkorb

PayPal

Bestelldaten

Kundennummer
240013

Name, Vorname / Firma
Fitness-Studio Mucki e. K.

Lieferanschrift, falls von Rechnungsanschrift abweichend

Info!!
Lieferdatum 15.12...
Zahlungskonditionen: 14 Tage rein netto Kasse
Lieferung erfolgt frei Haus

Bestellnummmer
BE-..12/06-15

Bestelldatum (TT - MM - JJJJ)
06 - 12 - ..

Bestellung

Artikelnummer	Artikelbezeichnung	Menge	Einzelpreis netto	Gesamtpreis netto
8596	Spinningrad Fletcher, Ergo - rot	4	1.498,00	5.992,00
5967	Hantelbank Bermuda-Flip - blau-rot	2	439,00	878,00
4322	Crosstrainer, Ellipse - silber	4	1.198,00	4.792,00
3958	Rückentrainer, Multiflex - schwarz	1	671,00	5.992,00

weiter

Impressum * Kontakt * AGB * Newsletter

Sport Lilly

Sport Lilly e. K., Am Stadtplatz 12, 84049 Ingolstadt

Ansprechpartner: Lilly Chorrera
Telefon: +49 841 940105-7
Telefax: +49 841 940105-8
E-Mail: lc@sport-lilly.de

Auftragsbestätigung

Kundennummer	Auftragsnummer	Auftragsdatum	Liefertermin	Ihre Bestellnummer	Ihr Bestelldatum

Wir danken für Ihre Bestellung und bestätigen zu unseren Bedingungen:

Art.-Nr.	Beschreibung	Stück	Einzelpreis	Gesamtpreis
			Nettobetrag	
			19 % MwSt.	
			Bruttobetrag	

E-Mail
info@sport-lilly.de
Internet
www.sport-lilly.de
Inhaberin
Lilly Chorrera

Bankverbindung
Bankhaus Muck, Ingolstadt
IBAN DE12 7215 0110 0000 6167 17
BIC COVIDE1LCDF

Bankverbindung
Bank12 AG, Ingolstadt
IBAN DE12 7215 0209 0005 0123 67
BIC AMERDE1JLLA

Handelsregister
HRA 1005
beim Amtsgericht Ingolstadt
USt.-IdNr. DE 105 01 0303
Steuer-Nr. 102/560/7001

Fortsetzung folgt ...

1.3 Lieferschein

Ein Lieferschein ist ____________________ einer Lieferung. Es dokumentiert ____________________ der gelieferten Waren. Dieses Schriftstück dient ____________________.

Aufgabe

... Fortsetzung der Online-Bestellung bei Sport Lilly e. K.

1. Planmäßig soll die Lieferung von Sport Lilly e. K. an Fitness-Studio Mucki e. K. zugestellt werden. Die Ware ist verpackt, es fehlt nur noch der dazugehörige Lieferschein, welcher der beauftragten Spedition mitgegeben werden soll.
   Frau Chorrera bittet Sie, diesen ausgefüllt der Ware beizulegen.

Sport Lilly e. K., Am Stadtplatz 12, 84049 Ingolstadt

____

____

____

Ansprechpartner:	Lilly Chorrera
Telefon:	+49 841 940105-7
Telefax:	+49 841 940105-8
E-Mail:	lc@sport-lilly.de

Kundennummer: __________
Auftragsnummer: __________

Lieferschein

Lieferdatum: __________
Lieferscheinnummer: __________

Sehr geehrte Damen und sehr geehrte Herren,

wir bedanken uns für Ihren Auftrag über unseren Online-Shop
und liefern Ihnen wie folgt:

Pos.	Art.-Nr.	Beschreibung	Stück
___	___	___	___
___	___	___	___
___	___	___	___
___	___	___	___

Lieferung über Spedition Schnelling __________

Fortsetzung folgt ...

1.4 Ausgangsrechnung

Die Ausgangsrechnung ist ein ____________________ .

Damit eine Rechnung auch als solche anerkannt wird, verlangt ______________________

folgende Angaben:

→ ______________________________ des leistenden und des leistungsempfangenden Unternehmens

→ ______________________________ und ______________________________

→ ______________________

→ ____

→ ____

zum Rechnungsbetrag ______________________________ als Beweis eines ordentlichen Geschäftsbetriebs und/oder ____

____ als EU-weite eindeutige Kenntlichmachung des Unternehmens.

Aufgabe

... Fortsetzung der Online-Bestellung bei Sport Lilly e. K.

1. Pünktlich, am 15. Dezember .. trifft die Lieferung per Spedition Schnellinger bei Fitness-Studio Mucki e. K. ein.
   Da Sie bisher den kompletten Auftrag perfekt abgewickelt haben, ist es für Frau Chorrera selbstverständlich, Ihnen die dazugehörige Rechnungserstellung zu übertragen und bittet Sie hierfür am 16. Dezember .., mit Hinweis, diese postalisch an den Auftraggeber zu senden.
   a) Komplettieren Sie nachfolgende Rechnungsvorlage.
   b) Überprüfen in diesem Zusammenhang, ob nachfolgender Belege dem Anspruch einer ordentlichen Rechnung, wie sie vom Gesetzgeber gefordert wird, entspricht.

 © Verlag Europa-Lehrmittel

Sport Lilly

Sport Lilly e. K., Am Stadtplatz 12, 84049 Ingolstadt

____

____

____

Ansprechpartner:	Lilly Chorrera
Telefon:	+49 841 940105-7
Telefax:	+49 841 940105-8
E-Mail:	lc@sport-lilly.de

Kundennummer: ____________

Lieferscheinnummer: ____________

Rechnung

Rechnungsdatum: ____________

Rechnungsnummer: ____________

Sehr geehrte Damen und sehr geehrte Herren,

wir erlauben uns Ihnen nachfolgende Positionen zu berechnen.

Pos.	Art.-Nr.	Beschreibung	Stück	Einzelpreis	Gesamtpreis
___	___	______________________	__	________	________
___	___	______________________	__	________	________
___	___	______________________	__	________	________
___	___	______________________	__	________	________
				Nettobetrag	________
				19 % MwSt.	________
				Bruttobetrag	________

____

____

E-Mail
info@sport-lilly.de
Internet
www.sport-lilly.de
Inhaberin
Lilly Chorrera

Bankverbindung
Bankhaus Muck, Ingolstadt
IBAN DE12 7215 0110 0000 6167 17
BIC COVIDE1LCDF

Bankverbindung
Bank12 AG, Ingolstadt
IBAN DE12 7215 0209 0005 0123 67
BIC AMERDE1JLLA

Handelsregister
HRA 1005
beim Amtsgericht Ingolstadt
USt.-IdNr. DE 105 01 0303
Steuer-Nr. 102/560/7001

Fortsetzung folgt ...

1.5 Zahlungsabwicklung im Verkauf

Für Unternehmen stellen u. a.

→ ______________________________ ,

→ ______________________________

→ ______________________________

die übliche Zahlungsabwicklung dar.

Aufgabe

... Fortsetzung der Online-Bestellung bei Sport Lilly e. K.

1. Der Geschäftsfall „Fitness-Studio Mucki e. K., Auftrag vom 06.12...“ wird mit der Verarbeitung in der Finanzbuchhaltung abgeschlossen.
Mit Rechnungsstellung am 16.12... erfolgt die erste Buchung in der Finanzbuchhaltung und weißt sogleich in der Liste der offenen Posten einen SOLL-Stand für das Fitness-Studio Mucki e. K. aus.

BITOREN-BUCHHALTUNG

OFFENE POSTEN

Sport Lilly

Stand 16.12..

Konto	Name	Re. Nr.	Datum	Fälligkeit	Betrag Soll	Betrag Haben	Saldo	Mahnstufe	Bemerkungen
240012	TC Schmetterball e. V.	AR-..10/12-24	12.10...	11.11...	5.474,00 €		5.474,00 €	III	50 % Forderungsausfall möglich
240013	Fitness-Studio Mucki e. K.	AR-..12/06-15	16.12...	30.12...	14.676,27 €		14.676,27 €		
240016	FC Manching e. V.	AR-..12/08-24	08.12...	22.12...	10.591,00 €		10.591,00 €		

Das Fitness-Studio e. K. überweist seine Eingangsrechnung bzw. die Ausgangsrechnung von Sport Lilly e. K. zum letztmöglichen Termin.
Vervollständigen Sie nachfolgenden Kontoauszug mit dem Zahlungseingang.

Bankhaus muck Bankhaus Muck Ingolstadt

Buchungs-tag	Tag der Wertstellung	Verwendungszweck	Buchungs-nummer	Alter Kontostand	25.957,44 H
30.12.	30.12.	Secura AG Private Krankenversicherung Mitgliedsnummer 123-55-55896	850552		450,45 S
30.12.	30.12.	BQ International GmbH Re. Nr. AR..-006-75 vom 05.12...	850905		4.654,30 S
______	______	____________________	850999		________
		____________________		Neuer Kontostand	________

Sport Lilly e. K.
Am Stadtplatz 12
84049 Ingolstadt

30.12... Kontoauszug vom | 124 Auszug | 1 Blatt

IBAN DE12 7215 0110 0000 6167 17
BIC COVIDE1LCDF

www.bankhaus-muck.de

Lernsituation 6 als Rollenspiel

Ein Schüler ist Praktikant bei der Goggi Kartfun GmbH und nimmt die Position des Käufers ein.
Der Banknachbar ist Praktikant bei Rennbekleidung Ihrl GmbH, Max-Meier-Str. 16 in 80338 München und versetzt sich in die Rolle des Verkäufers.

→ Handlungsauftrag

Rennbekleidung Ihrl GmbH ist neuer Lieferant von Goggi Kartfun GmbH und Herr Vitus bittet seinen Praktikanten nachfolgende Bestellung aufzugeben. Wickeln Sie den vollständigen Einkauf bzw. Verkauf gemeinsam ab.
Erstellen Sie hierfür sämtliche Belege in Zusammenarbeit mit dem Unterrichtsfach Informationsverarbeitung.
Nutzen Sie zum Zahlungsausgleich ein Demokonto Ihrer Wahl oder greifen Sie auf entsprechende Vordrucke zurück.
Noch ein kleiner Hinweis: Das Übungsunternehmen in Ihrer Schule wird Ihnen sicherlich gerne mit Tipps zur Seite stehen.

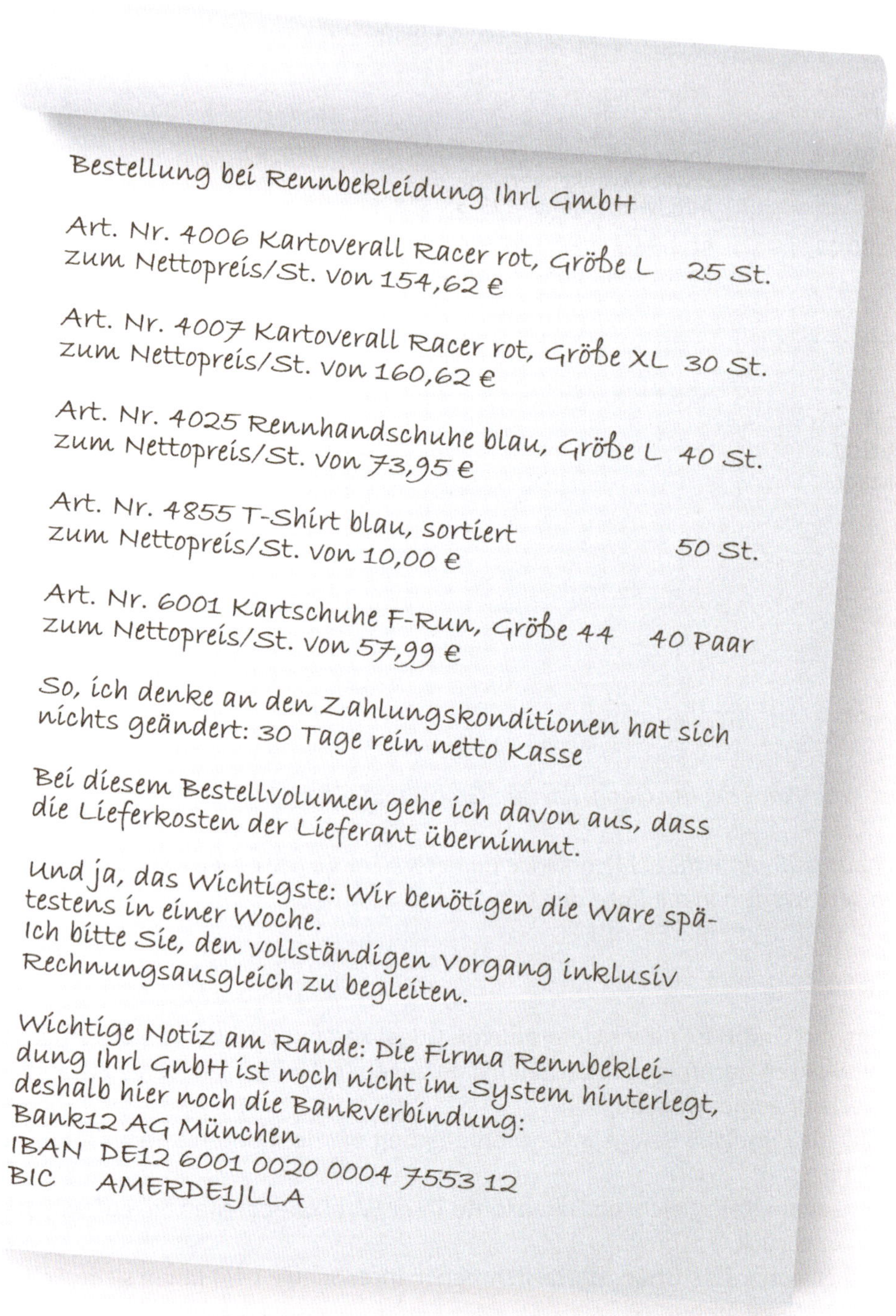

Bestellung bei Rennbekleidung Ihrl GmbH

Art. Nr. 4006 Kartoverall Racer rot, Größe L zum Nettopreis/St. von 154,62 € — 25 St.

Art. Nr. 4007 Kartoverall Racer rot, Größe XL zum Nettopreis/St. von 160,62 € — 30 St.

Art. Nr. 4025 Rennhandschuhe blau, Größe L zum Nettopreis/St. von 73,95 € — 40 St.

Art. Nr. 4855 T-Shirt blau, sortiert zum Nettopreis/St. von 10,00 € — 50 St.

Art. Nr. 6001 Kartschuhe F-Run, Größe 44 zum Nettopreis/St. von 57,99 € — 40 Paar

So, ich denke an den Zahlungskonditionen hat sich nichts geändert: 30 Tage rein netto Kasse

Bei diesem Bestellvolumen gehe ich davon aus, dass die Lieferkosten der Lieferant übernimmt.

Und ja, das Wichtigste: Wir benötigen die Ware spätestens in einer Woche.
Ich bitte Sie, den vollständigen Vorgang inklusiv Rechnungsausgleich zu begleiten.

Wichtige Notiz am Rande: Die Firma Rennbekleidung Ihrl GnbH ist noch nicht im System hinterlegt, deshalb hier noch die Bankverbindung:
Bank12 AG München
IBAN DE12 6001 0020 0004 7553 12
BIC AMERDE1JLLA

© Verlag Europa-Lehrmittel

2 Kundenkommunikation

Der Erfolg einer Kommunikation hängt von einem gelungenen Mix der ________________ ____ bzw. der verbalen, der nonverbalen und der paraverbalen Kommunikation ab.

Aufgaben

1. Diskutieren Sie in der Klasse, was man unter verbaler, nonverbaler und paraverbaler Kommunikation versteht. Lassen Sie sich von den Abbildungen in der Mindmap inspirieren.

2. Schreiben Sie Ihre Ergebnisse neben die jeweiligen Abbildungen.

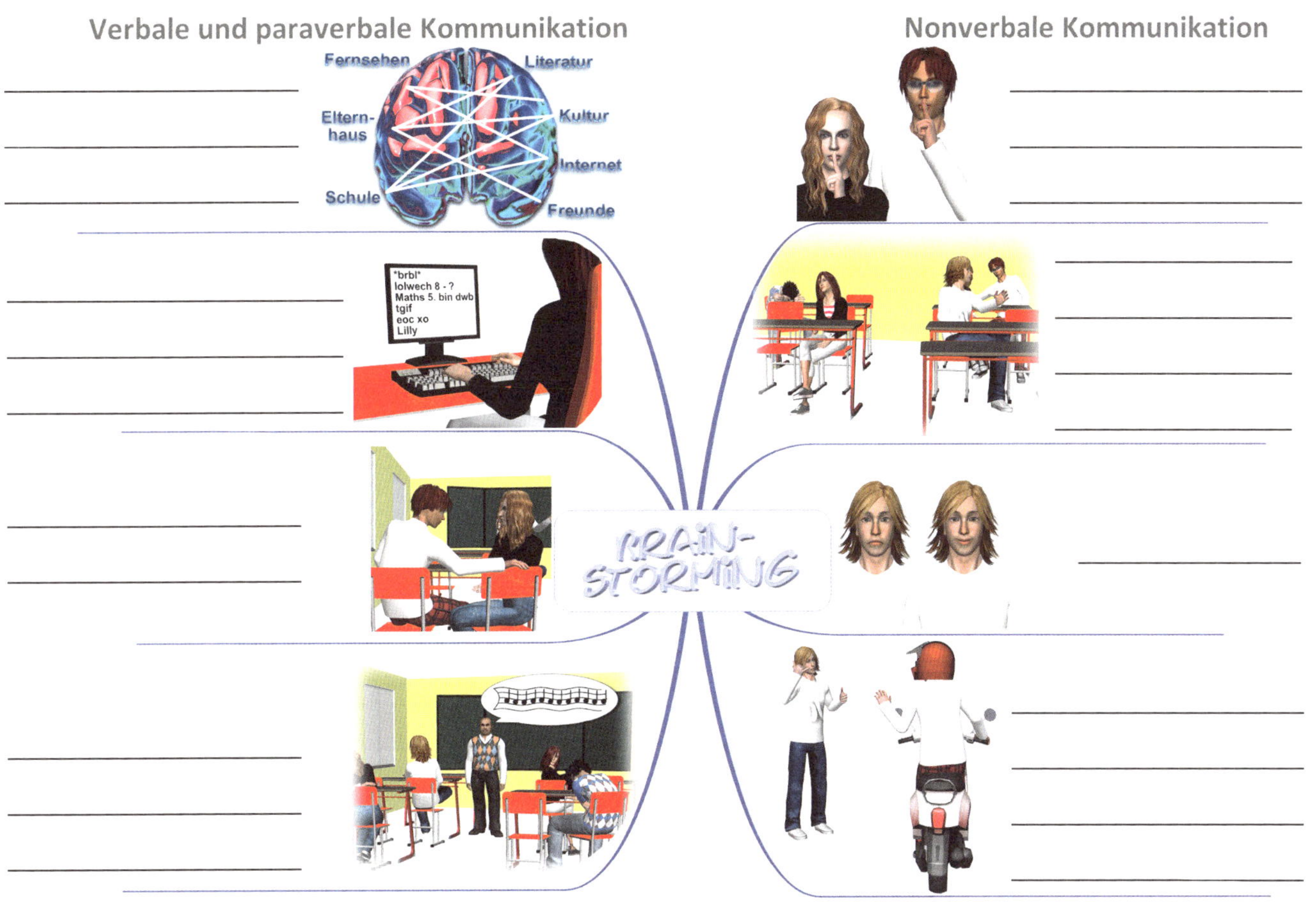

3. Informieren Sie sich und diskutieren in der Klasse über die prozentuale Verteilung der Kommunikationsmöglichkeiten.
Tragen Sie Ihre Erkenntnisse in die rechte Abbildung ein.

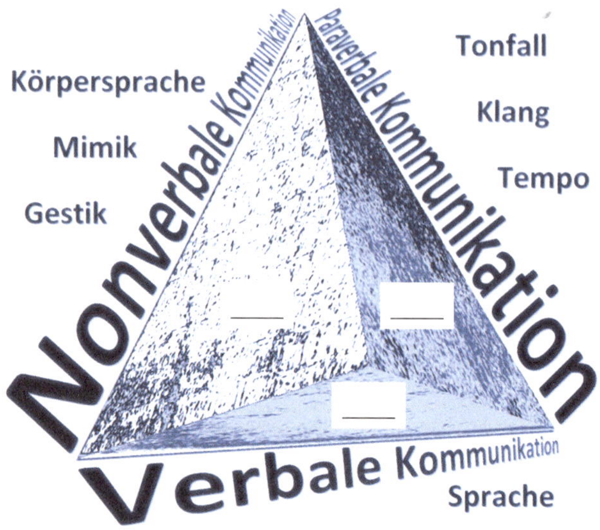

Verbale Kommunikation

In Ihrer beruflichen Zukunft, speziell im Kontakt mit Vorgesetzten, Kollegen und Kunden, können Situationen entstehen, in denen es für Sie wichtig ist, angemessen und richtig auf Störungen in der Kommunikation zu reagieren. Gleiches gilt selbstverständlich im Privatbereich.

Aufgabe

1. Betrachten Sie nachfolgende Situationen. Worin liegen die Probleme in der verbalen Kommunikation?
Analysieren und diskutieren Sie Ihre Eindrücke mit der Klasse.

Situation 1

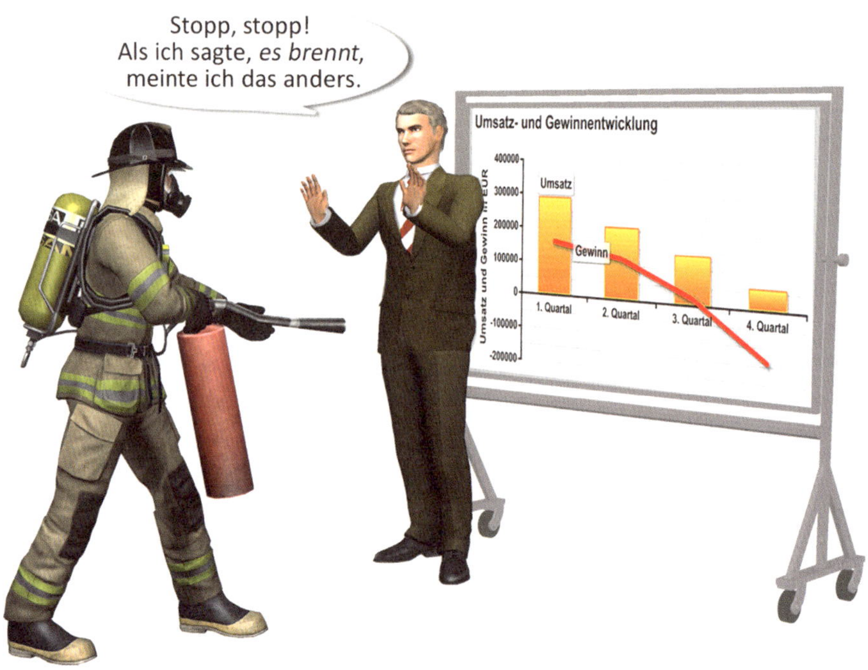

 © Verlag Europa-Lehrmittel

Situation 2

Situation 3

Situation 4

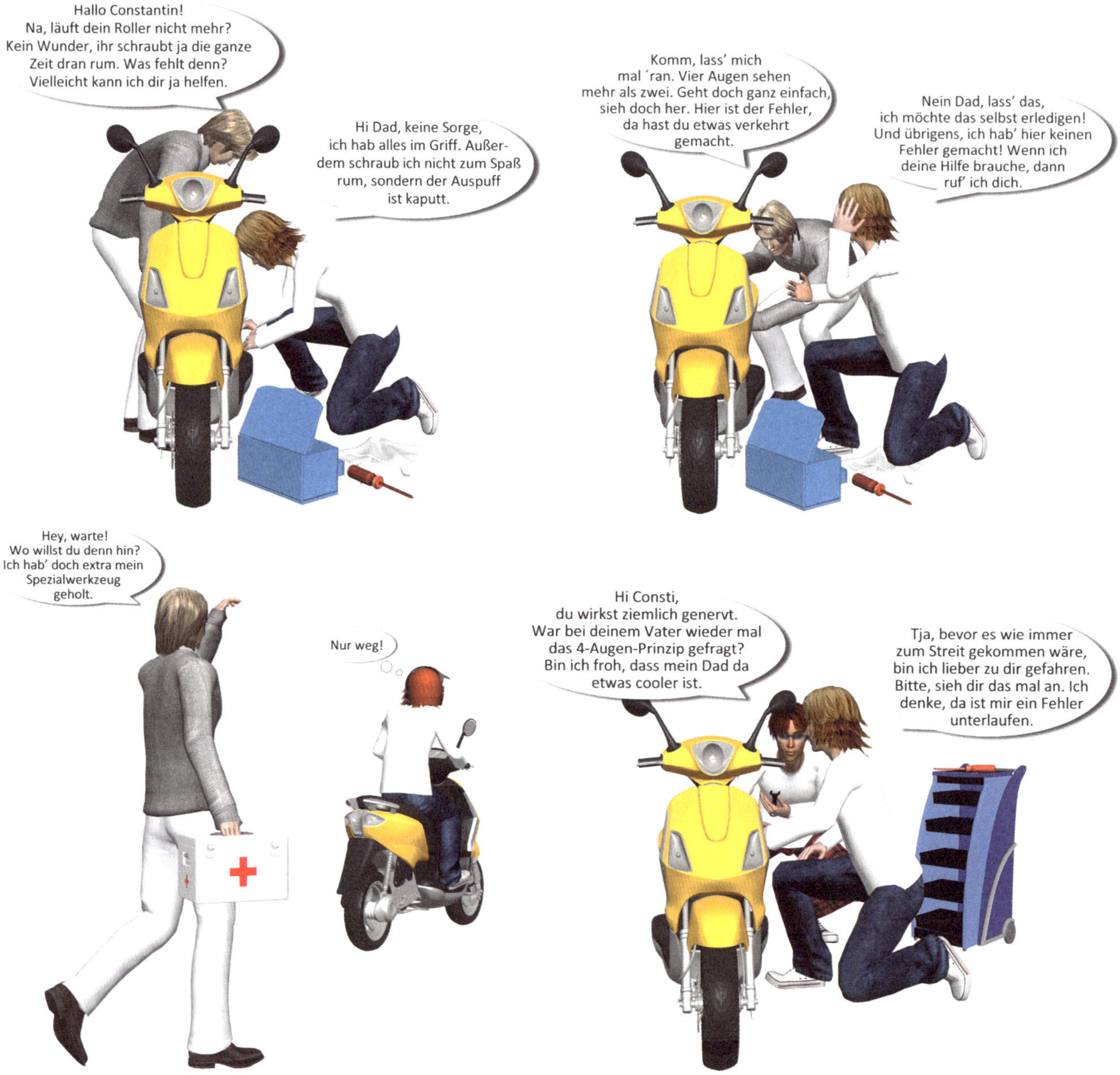

2. Diskutieren Sie, zu welchen Störungen es nach dem Sender-Empfänger-Modell in den Situationen 1 bis 4 gekommen ist.

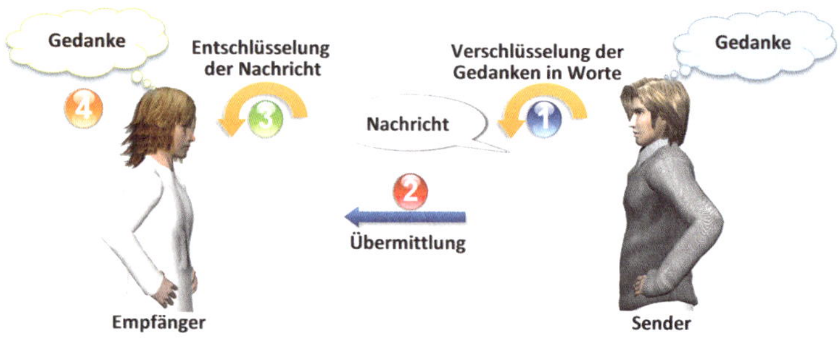

Wenn zwei Menschen miteinander sprechen, läuft die Unterhaltung immer auf zwei Ebenen ab. Über die ____________________ werden die Informationen ________________ und über die ______________________ werden die Informationen__________________ . Die Inhaltsebene wird von der Beziehungsebene _____________ . Das heißt, entscheidend dafür, wie die Informationen aufgenommen werden, ist die__________________________ Bindung zum Gesprächspartner.

______________________________ , besonders die________________________, spielen hierbei eine wichtige Rolle. Je besser man sich mit dem Gesprächspartner versteht, desto ____________________ ist man auch für seine Äußerungen. Ist dagegen die Beziehungsebene gestört, können die Inhalte kaum vermittelt werden.

Kommunikationsregeln

Kommunikation ist das, was beim Gegenüber ankommt: Wer redet, kann nicht zuhören und wer nicht zuhört, kann nicht verstehen. Dem Gesprächspartner zuzuhören und ausreden zu lassen, zeugt nicht nur von Anstand, sondern zeigt ihm die Wertschätzung, die man ihm entgegenbringt. Wer sich an Kommunikationsregeln hält, wird als Gesprächspartner ernst genommen.

Arbeitsauftrag

Beobachten Sie in der kommenden Woche bewusst Gespräche von Schulkameraden, Familie, Freunde usw.
Notieren Sie sich mindestens zehn der auffälligsten bzw. positiven und negativen Verhaltensweisen der Gesprächspartner.
Diskutieren Sie im Anschluss an diese Feldstudie Ihre Eindrücke und erstellen Sie gemeinsam ein Klassenplakat mit den entscheidenden Kommunikationsregeln.

Professionell telefonieren

Der erste Eindruck zählt, der letzte Eindruck bleibt. Es ist daher wichtig, auf den Anrufer sympathisch und kompetent zu wirken, denn auch im telefonischen Kontakt ist der erste Eindruck entscheidend. Er stellt ein Aushängeschild für das Unternehmen dar.

© Verlag Europa-Lehrmittel

Aufgaben

1. Analysieren Sie in der Klasse nachfolgende Telefonvorlage der Goggi Kartfun GmbH. Auf der rechten Seite sind leider einige Wörter abhandengekommen.
Ergänzen Sie diese.

Textbausteine und Notizen für Telefonate:

Guten Tag, Goggi Kartfun GmbH.
sie sprechen mit ...
Was kann ich für sie tun?

Es tut mir leid, Frau .. /Herr .. ist nicht im Hause, aber wir rufen sie gerne zurück.

Ich persönlich kann ihnen in diesem Fall nicht weiterhelfen, aber der richtige Ansprechpartner wird sich schnellstmöglich ihrem Problem annehmen und sich bei ihnen melden.

Wann können wir sie am besten erreichen?

Und nicht vergessen:

________________ sitzen,

freundlich sein und ____________

Telefonnotizen machen:

____

____

deu____ und _________sprechen

Kunden zuhören bzw.__________

__________ lassen.

_____________ bleiben,

____

____

2. Sie sind Praktikant bei der Goggi Kartfun GmbH. Ein aufgebrachter Kunde meldet sich bei Ihnen am Telefon. Versuchen Sie das Gespräch professionell und kundenorientiert zu führen.
Füllen Sie im nachfolgenden Text Ihren Gesprächspart aus und spielen den Dialog im Rollenspiel mit Ihrem Banknachbarn durch.

Das Telefon klingelt und **Sie** heben ab.

Sie melden sich: ____

____

Kunde: „..nze, hallo, endlich erreicht man mal jemanden!“

(Leider haben Sie den Namen nicht verstanden.)

Sie: ____

____

 © Verlag Europa-Lehrmittel

Kunde: „Hören Sie schlecht? KUNZE, soll ich meinen Namen vielleicht buchstabieren?!"

(Der Kunde wirkt sehr genervt und aufgebracht. Versuchen Sie herauszufinden, wie Sie ihm weiterhelfen können.)

Sie: ____

____

____

Kunde: „Was ist denn das hier für ein Saftladen. Ich habe vor 14 Tagen einen Kart bestellt und natürlich sofort bezahlt. Aber erhalten habe ich bis heute keinen, obwohl mir die Lieferung für letzten Freitag zugesichert wurde."

(Sie haben keine Ahnung, wovon der Kunde spricht und der Vertriebsleiter hat nun auch noch Urlaub. Ohne inkompetent zu wirken, müssen Sie zugeben, dass Sie nicht der richtige Ansprechpartner, sondern ein Praktikant sind.)

Sie: ____

____

____

Kunde: „Das ist mir völlig egal, dass sie Praktikant sind. Ich will sofort meinen Kart oder sie geben mir mein Geld zurück!"

(Sie könnten versuchen, im Warenversand jemanden zu erreichen und im Anschluss den Kunden zurückzurufen bzw. ihn wieder zu informieren. Hierfür benötigen Sie jedoch seine Kundennummer. Erklären Sie dem Kunden Ihr Vorgehen.)

Sie: ____

____

____

____

© Verlag Europa-Lehrmittel

Kunde: „Meine Kundennummer ist die 10/19022. Ich bin gespannt, ob sie tatsächlich zurückrufen."

...

(Im Warenversand erhalten Sie die Auskunft, dass der Kart tags zuvor das Lager verlassen hat, jedoch die Zustellung, aufgrund eines Fehlers in der Logistik, nicht ordnungsgemäß durchgeführt werden konnte. Der Kart wurde bereits von der Spedition abgeholt und müsste morgen beim Kunden ankommen. Als kleines Trostpflaster können Sie dem Kunden zwei kostenlose Eintrittskarten für die kommende Kartmesse anbieten. Sie rufen Herrn Kunze zurück und erklären den Sachverhalt.)

Sie: ____

____

____

____

____

____

Kunde: „Jetzt bin ich aber sehr erstaunt. Ich dachte nicht, dass sie zurückrufen, geschweige denn so schnell."

(Kundenorientierung und Kundenservice stehen bei der Goggi Kartfun GmbH an erster Stelle. Sie entschuldigen sich nochmals für die Unannehmlichkeiten.)

Sie: ____

____

____

Kunde: „Herzlichen Dank für ihre kompetente und schnelle Hilfe. Ich hoffe, wir lernen uns auf der Messe persönlich kennen."

(Sie verabschieden sich.)

Sie: ____

____

____

 © Verlag Europa-Lehrmittel

Nonverbale Kommunikation

Entscheidend für die Kommunikation ist nicht nur, was verbal ausgedrückt wird. Dominiert wird sie vielmehr durch ______________________________ wie z. B. Gestik, Mimik und Körperhaltung und den ______________________________ wie z.B. Klang und stimmliche Modulation. Die Körpersprache wird ______________ bzw. meistens unbewusst eingesetzt. Sie ist zum Teil angeboren und natürlich auch durch das eigene Rollenverhalten eingeübt. ______________________ bilden zusammen eine Einheit.

Mimik

Von den 20 verschiedenen Gesichtsmuskeln sind 17 allein für die Mimik verantwortlich. Ohne großes Wissen darüber zu haben, erkennt jeder was Gesichtsausdrücke bedeuten. Selbst wenn die Worte etwas anderes ausdrücken, so entlarvt die Mimik doch die wahren Gefühle. Emotionen (Gefühle) wie Angst, Ärger, Ekel, Freude, Trauer und Überraschung werden in allen Kulturen gleich ausgedrückt.

Aufgabe

1. Untersuchen Sie die Mimik der Frau.
   Finden Sie heraus, wie sie sich gerade fühlt und tragen dies unter dem jeweiligen Gesichtsausdruck ein.

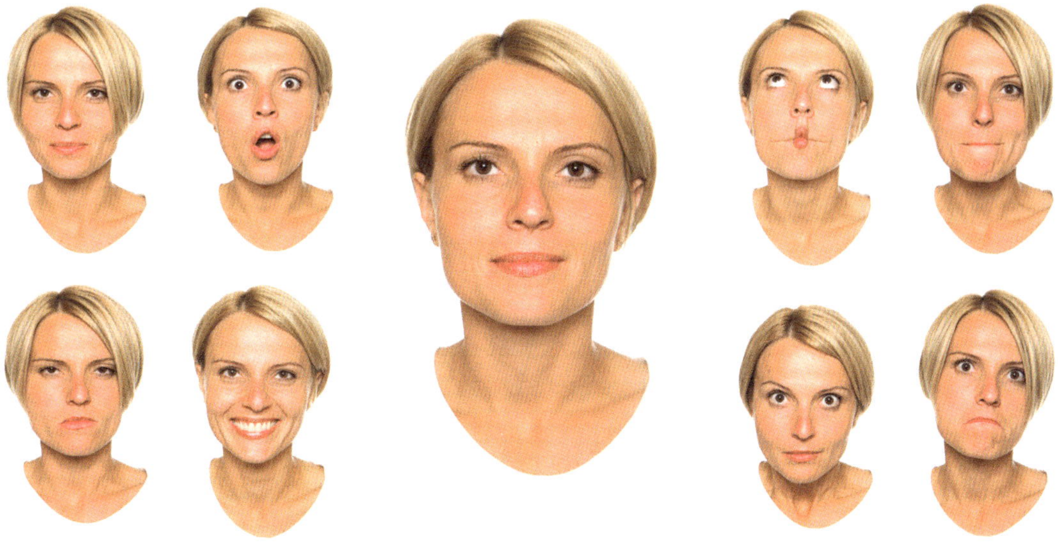

Fotos: © iStockphoto.com, macniak

Gestik

Die Gesten mit Armen und Beinen unterstreichen die Stimmigkeit dessen was gesprochen wird. Doch nochmals Vorsicht, in anderen Ländern können manche Handgesten eine andere Bedeutung haben als hierzulande.

Aufgabe

1. In den folgenden Abbildungen ersehen Sie die Darstellung einiger Gesten. Tragen Sie deren Wirkung in die Platzhalter der Mindmap ein.

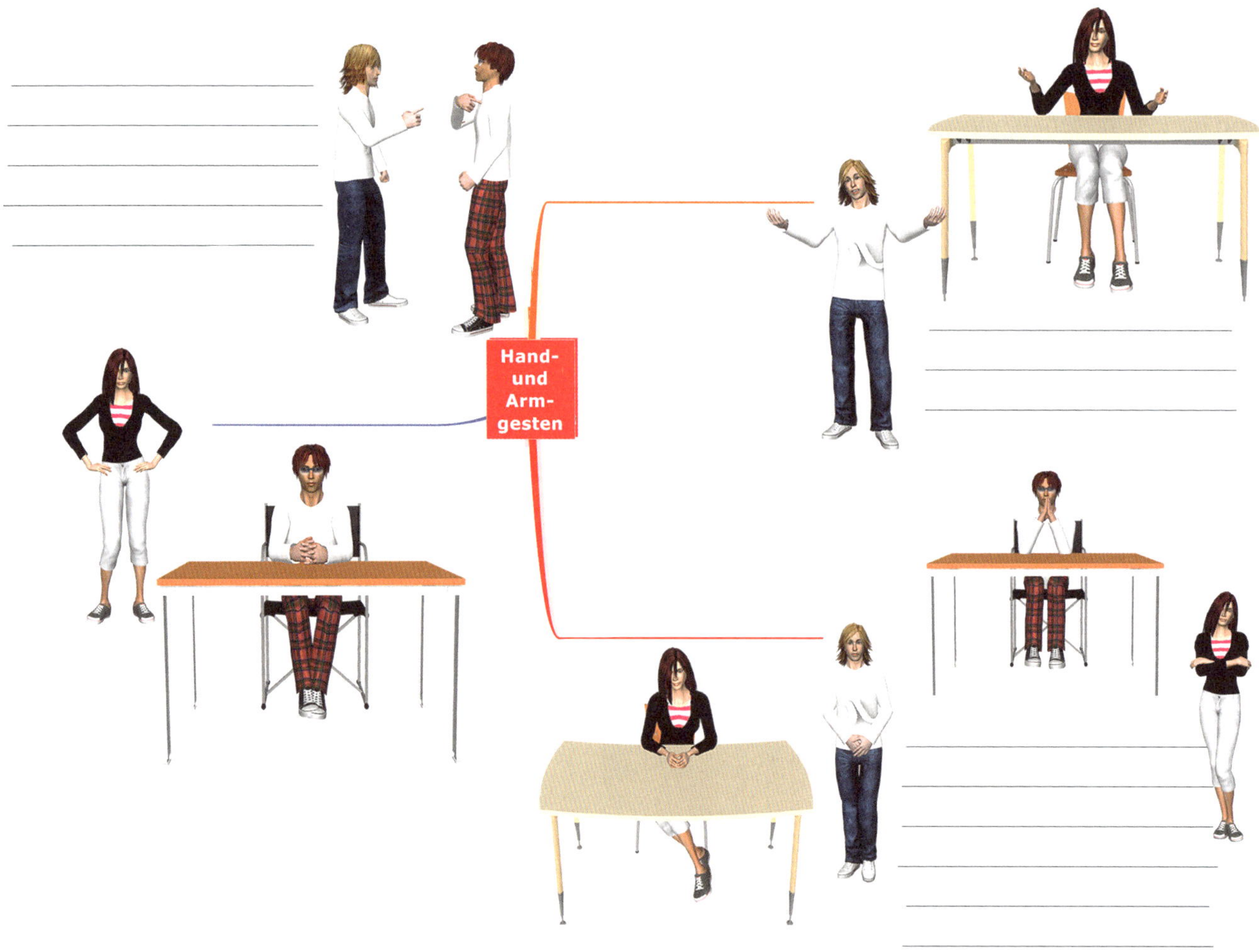

Distanzzonen und Distanzverhalten

Die menschliche Körpersprache ist der von Tieren ähnlich. Auch uns Menschen ist ein ________________________________ angeboren. So bemühen sich viele Hausbesitzer, fein säuberlich Zäune und Hecken um ihr Grundstück herumzuziehen und ihr Revier damit abzugrenzen.

Aufgabe

1. Diskutieren Sie mit Ihrer Klasse, wo Sie das Distanz- und Revierverhalten bei sich selbst schon einmal festgestellt haben.
   Führen Sie einige Beispiele auf.

   ____

   ____

   ____

Das Revierverhalten entspringt einem ____.
Wird das Revier verletzt oder bedroht, verteidigen wir es. Wir bauen Grenzen, stellen Barrieren auf oder wir reagieren ____________________ oder __________________ ________________________. Ein Eindringen in die ____________________________ eines Menschen wird von Fremden vermieden. So bleibt im Kino zwischen fremden Menschen meist ein Platz frei und im Restaurant werden zuerst alle freien Tische belegt, bevor man sich zu jemand Fremden setzt.

Grundsätzlich unterscheidet man drei Distanzzonen:

→ ____

→ ____

→ ____.

Aufgabe

1. Betrachten Sie nachfolgende Illustrationen und beantworten die folgenden Fragen:
   Wie hoch ist der Grad der Intimität?
   Wer darf eindringen?
   Wie stark ist das Verteidigungsverhalten, wenn Fremde in diese Zone eindringen?
   Schreiben Sie Ihre Ergebnisse zwischen die jeweiligen Bilder.

Intime Zone (bis 50 cm)

Private Zone (50 – 150 cm)

Gesellschaftliche und öffentliche Zone (150 – 360 cm)

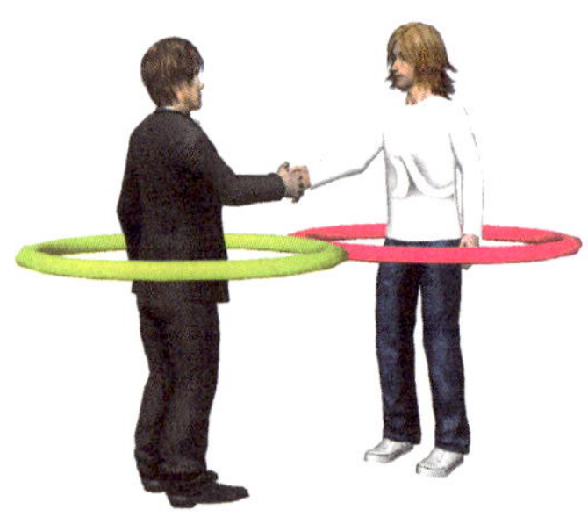

 © Verlag Europa-Lehrmittel

Der erste Eindruck zählt

Kleider machen Leute. Wie Sie auf den nachfolgenden Bildern sehen können, ist es schon ein Unterschied, wie Personen auf den ersten Blick durch Kleidung wirken können.
Das heißt nicht, dass man immer im feinen Anzug glänzen muss, jedoch ist es wichtig, sich der Situation angemessen zu kleiden.
Untersuchungen haben gezeigt, dass die Kompetenz, die jemandem zugeschrieben wird, maßgeblich durch die äußere Erscheinung und das Auftreten beeinflusst wird.

Aufgaben

1. Fassen Sie in Gruppenarbeit Ihre Meinungen zur Wichtigkeit des ersten Eindrucks auf einem Plakat oder in einer Collage zusammen.

2. Erstellen Sie eine Rangliste, wie Sie Fremde durch Ihr persönliches Raster laufen lassen.

Sich souverän präsentieren

Im Umgang mit Kunden und Kollegen wirken nicht nur gute Argumente, sondern auch die persönliche Ausstrahlung. Eine große Hilfe ist daher eine positive innere Einstellung. Wer authentisch ist, also tatsächlich so ist, wie er sich gibt, hat klare Vorteile. Ein gekünsteltes Lächeln, gespielte Offenheit oder Freundlichkeit werden früher oder später enttarnt.

Aufgaben

1. Reflektieren Sie, welche Eigenschaften eine Person haben muss, um souverän, kompetent und sympathisch zu wirken.
   Führen Sie an, wie man diese Eigenschaften in der Körpersprache erkennen kann.

   a) offen und freundlich oder reserviert und verschlossener

   ____

   ____

   b) selbstbewusst und sicher oder schüchtern und unsicher

   ____

   ____

   c) wacher und entspannter Blick oder abwesender und ruheloser Blick

   ____

   ____

   d) aufdringlich und penetrant oder respektvoll und Distanz wahrend

   ____

   ____

2. Reflektieren Sie selbst oder lassen andere (Familie, Freunde usw.) einschätzen, wie Sie wirken.

   ____

   ____

3. Notieren Sie, wie Sie noch positiver und souveräner wirken können, sowohl in Ihrer Einstellung als auch in Ihrer Körpersprache.

   ____

   ____

 © Verlag Europa-Lehrmittel

3.4 Geeignete Mitarbeiter suchen

1 Einführung in das Personalmanagement

Aufgabe des Personalmanagements ist die Sicherung der ______________________ des Unternehmens sowie die ____ der Arbeitnehmer während ihres gesamten Arbeitslebens.

2 Personalbeschaffung

2.1 Quantitativer Personalbedarf

Unter dem quantitativen Personalbedarf versteht man den ______________________ ______________ an Mitarbeitern.

Aufgaben

1. Der quantitative Personalbedarf wird von internen und externen Faktoren wesentlich beeinflusst.
   Führen Sie mögliche Beispiele an und halten Sie diese in der folgenden Tabelle fest.

Interne Faktoren	Externe Faktoren

2. Hauptaufgabe der Personalabteilungen ist es, die Leistungsfähigkeit des Unternehmens zu sichern. Im ersten Schritt heißt dies, die notwendige Anzahl an Mitarbeitern mit der erforderlichen Qualifikation zu akquirieren.
Die Goggi Kartfun GmbH möchte die Mitarbeiterzahl im Bereich der Produktion neu anpassen. Die Produktionskapazität des Werkes beläuft sich bezogen auf das Jahr auf 4.250 Karts. Dabei beträgt die Bearbeitungszeit für einen Kart inklusive der Umrüstarbeiten und Instandhaltung der Fertigungsanlage durchschnittlich 11 Stunden.
Pro Jahr geht man von 250 Arbeitstagen aus. Die Mitarbeiter der Goggi Kartfun GmbH haben 28 Tage Urlaub. Der Krankenstand beläuft sich auf 14 Tage pro Mitarbeiter und Jahr.
Ermitteln Sie, wie viele Mitarbeiter die Goggi Kartfun GmbH mindestens benötigt, um die Produktionsanlage zu 100 % auszulasten.

2.2 Qualitativer Personalbedarf

Eine weitere Aufgabe des Personalmanagements liegt in der ____________________

des Know-hows. Die Mitarbeiter müssen dahingehend gefördert werden, sich auch den

____ stellen zu können.

Maßnahmen sind z. B. ____

____

 © Verlag Europa-Lehrmittel

Aufgabe

1. Der Sportartikelhersteller EKIN AG gehört seit vielen Jahren zu den führenden Anbietern von Wintersportbekleidung im Lifestyle-Bereich, und hier speziell für Snowboarder. Vorausschauend setzt sich die Personalabteilung zum Ziel, die Nachfolgeregelung bei der Stellenbesetzung langfristig zu planen.

   a) Bei der letzten Strategiesitzung der Personalabteilung wurde die Marketing- und Vertriebsabteilung genauer durchleuchtet:

   → Frau Myrthe Weiser, Leitung Marketing, geht im Jahr 2 in Rente. Als möglicher Nachfolger ist der 32-jährige Victor Heinzel im Gespräch. Er soll im Jahr 2 die Stelle ausfüllen. Bis zu diesem Zeitpunkt wird Herr Heinzel so aufgebaut und qualifiziert, dass die Nachfolge möglichst reibungslos funktioniert.

   → Die freiwerdende Stelle von Herrn Heinzel könnte durch Frau Elfi Rasch besetzt werden. Sie zeigte bereits als Urlaubsvertretung von Herrn Heinzel, dass sie sich diese Herausforderung zutraut.

   → Frau Klein hat einen befristeten Arbeitsvertrag. Sie wird Ende des Jahres 1 das Unternehmen verlassen.

   → Frau Eni Braun ist seit Jahr 0 in ihrer momentanen Position. Eine Veränderung bei ihr ist nicht geplant.

   → Herr Kleinlaut hat bereits gekündigt. Nach seiner langjährigen Betriebszugehörigkeit lautet seine Kündigungszeit fünf Monate. Er verlässt am Ende des Jahres 0 das Unternehmen.

   → Bester Verkäufer des Unternehmens ist seit zwei Jahren Herr Scheine. Er besitzt zwar nicht die notwendige Ausbildung, absolvierte jedoch in Eigeninitiative zwei Führungsseminare.

   → Am Ende des Jahres 0 beendet Herr Kucera seine Ausbildung. Erste Erfolge als Verkäufer sprechen für ihn. Von seiner Seite besteht der Wunsch weiterhin im Unternehmen zu arbeiten.

   Der Ausbildungsvertrag von Frau Lauf soll nach ihrer erfolgreich bestandenen Abschlussprüfung in ein festes Arbeitsverhältnis gewandelt werden. Sie ist ein sehr offener Mensch mit guten Kontakten im Umfeld des Unternehmens. Vor zwei Jahren war sie Mannschaftskollegin von Frau Anja Bier in der Jugendnationalmannschaft der Freestyle-Snowboarder. Anja Bier signalisierte bereits, nach ihrer dreijährigen Ausbildung Profi-Snowboarderin zu werden.
   Der Vorstand des Unternehmens hat sich zum Ziel gesetzt, Führungskräfte möglichst aus den eigenen Reihen aufzubauen. Natürlich werden die Stellen, wenn nicht anders möglich, mit externen Bewerbern besetzt.
   Tragen Sie die personellen Veränderungen in die nachfolgende Tabelle ein und ergänzen Sie sinnvoll, wie die Nachfolgeplanung im Unternehmen aussehen soll.

Name	Jahr 0	Jahr 1	Jahr 2	Jahr 3	Jahr 4
Myrthe Weiser **Marketingleitung**					
Victor Heinzel **Abteilung Öffentlichkeitsarbeit**					
Karla Klein **Assistentin Öffentlichkeitsarbeit**					
Eni Brown **Abteilung Kundenbindung**					
Vinzent Kleinlaut **Leitung Verkauf**					
Thorsten Scheine **Mitarbeiter Verkauf**					
Elfi Rasch **Mitarbeiterin Verkauf**					
Jan Kucera **Auszubildender 3. LJ**					
Nina Lauf **Auszubildende 2. LJ**					
Anja Bier **Auszubildende 1. LJ**					

b) Erklären Sie, welche Vorteile sich für die Personalabteilung aus einer solchen Nachfolgeplanung ergeben.

____

____

____

____

2.3 Stellenbeschreibung

Die Stellenbeschreibung dokumentiert z. B. die Anforderungen, Aufgaben, Kompetenzen und Zuständigkeiten, welche mit einer Stelle bzw. Position verbunden sind. Neben diesen Hauptfunktionen ist sie eine passende ______________________________

____ .

 © Verlag Europa-Lehrmittel

2.4 Interne Personalbeschaffung

Die interne Personalbeschaffung ist ein geeigneter Weg, zunächst ____________________

____

____ .

Aufgabe

1. Stellen Sie die Vor- und Nachteile der innerbetrieblichen Stellenausschreibung in der Tabelle gegenüber.

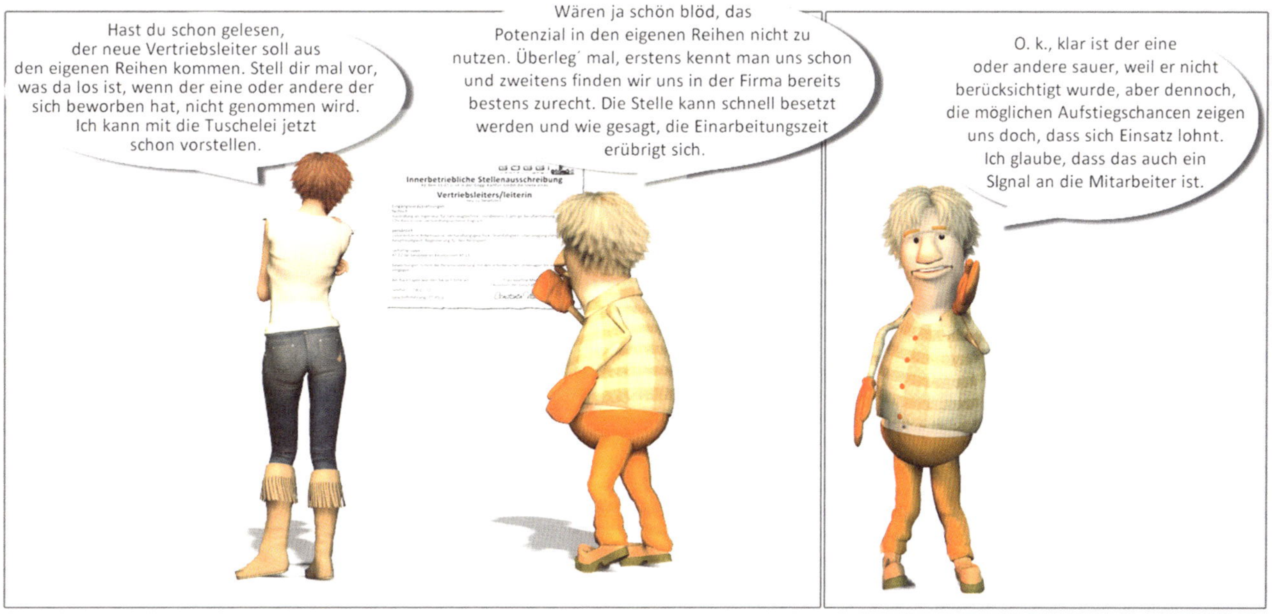

Vorteile	Nachteile

2.5 Externe Personalbeschaffung

Unter externer Personalbeschaffung versteht man die ______________________________

____.

Aufgaben

1. Die Firma Sport Board & Fun KG bietet ab kommenden September .. einen Ausbildungsplatz für den Beruf Kaufmann/-frau im Einzelhandel an. Zusätzlich zum Internetauftritt wurde deshalb ein Inserat in der Tageszeitung des Landkreises geschaltet. Das Unternehmen erhielt 45 Bewerbungen.
Listen Sie die weiteren Schritte der Bearbeitung der eingegangenen Bewerbungen auf.

SPORT BOARD & FUN

Ab September .. bieten wir
folgenden Ausbildungsplatz an:

Kaufmann/-frau im Einzelhandel

Als Kauffrau und Kaufmann im Einzelhandel bist Du ständig im Kontakt mit unseren Kunden.
Zur optimalen Beratung zählt für uns neben einem freundlichen Umgang auch die Begeisterung für Trendsportarten.
Um unseren Kunden immer die besten und aktuellsten Produkte anbieten zu können, musst Du neben dem Verkauf auch kaufmännische Aufgaben erledigen, wie beispielsweise die Bedarfsermittlung und Beschaffung unseres Angebots.

Wir erwarten

- einen erfolgreichen Schulabschluss (Mittlere Reife),
- Verantwortungsbewusstsein, Einsatzbereitschaft und Organisationstalent,
- Freude an neuen Herausforderungen und Lernbereitschaft,
- Interesse an kaufmännischen Zusammenhängen,
- Offenheit im Umgang mit Menschen,
- positive Ausstrahlung und ein serivceorientiertes Auftreten.

Deine schriftliche Bewerbung sende bitte an

Sport Board & Fun KG
Lilienweg 1
10115 Berlin
Telefon +49 (0)30 12 12 - 12

Oder gerne per E-Mail: info@boardandfun.de

____

____

____

____

____

____

____

____

____

____

2. Unternehmen müssen bei der Gewinnung ihrer Mitarbeiter auch am externen Arbeitsmarkt tätig werden. Die Entscheidung für einen „neuen" Mitarbeiter ist dabei immer mit Unsicherheit behaftet. Stellen Sie die Vor- und die Nachteile der externen Personalbeschaffung dar.

Vorteile	Nachteile

Zeitarbeit

Bei der Zeitarbeit, ______________________ genannt, werden Dritten

die eigenen Arbeitnehmer ______________________ .

Grundlage ist das ______________________ .

Die gewerbsmäßige Überlassung eigener Mitarbeiter ist mit ______________________

______________________ .

Aufgabe

1. Erstellen Sie auf Basis der nachfolgenden Informationen eine Infografik zur Zeitarbeit.

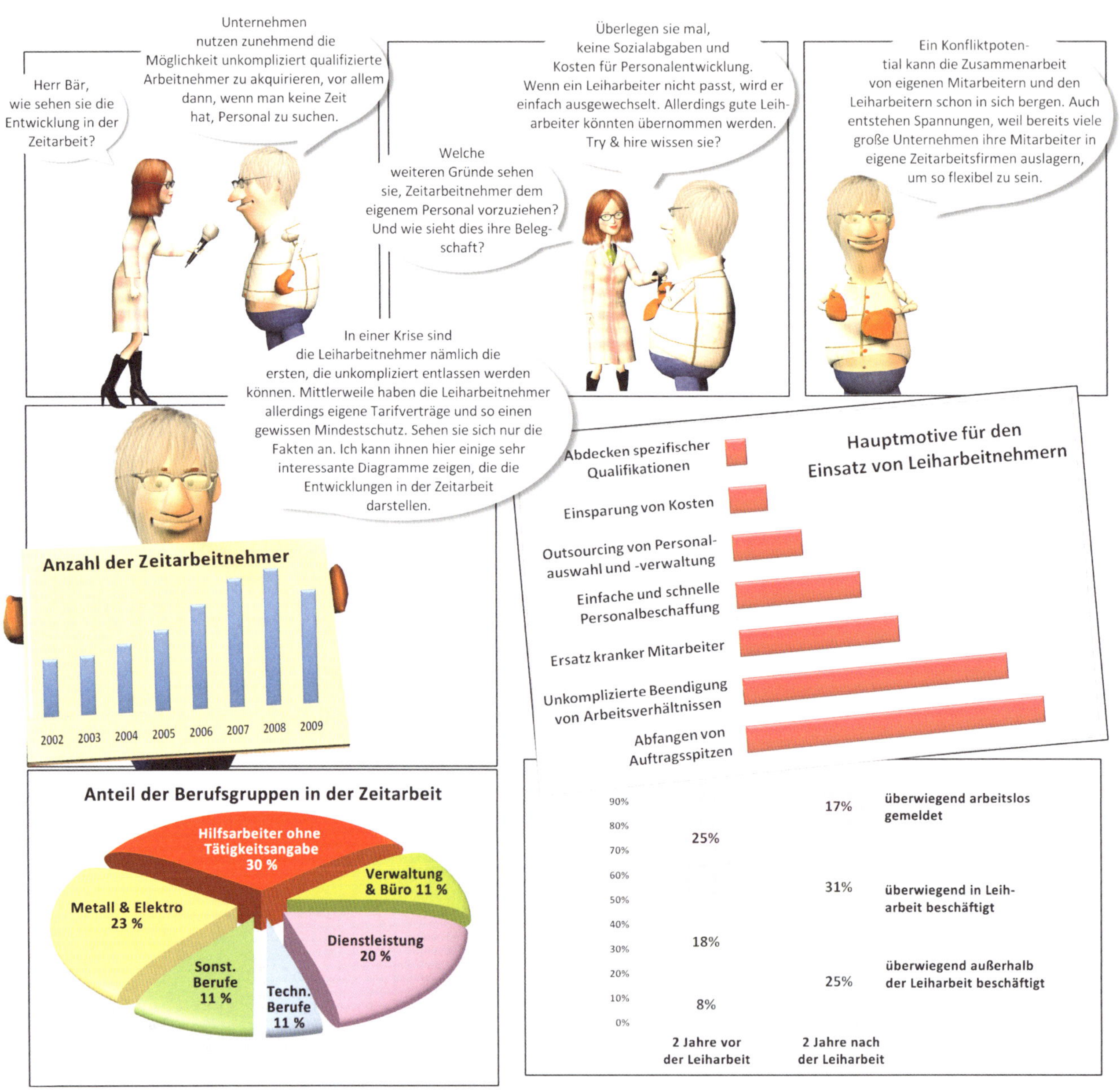

Notizen ______________________________

____

____

____

____

© Verlag Europa-Lehrmittel

3 Personalauswahl

Lernsituation 7

Unternehmen	Ammersee Streetwear GmbH
Geschäftsführende Gesellschafterin	Ling Mai
Anschrift	Ammersee Streetwear GmbH Mühlenstraße 56 82211 Herrsching Telefon 08152 12345 6 Telefax 08152 12345 60 www.a-wear.de info@a-wear.de
Bankverbindung	Bankhaus Muck IBAN DE72 7119 1000 0121 256543 BIC GENODEF1MUL
Gegenstand des Unternehmens	Modische Freizeitbekleidung und hippe Bademode
Mitarbeiterzahl	42 Mitarbeiter und 5 Auszubildende

Sie sind Mitarbeiter in der Personalabteilung der Ammersee Streetwear GmbH.
Der Personalleiter, Herr Fritz Magg bittet Sie, sich im Rahmen der Personalplanung um einen Ersatz für die ausscheidende Frau Steiger zu kümmern.
Frau Steiger ist seit 17 Jahren die Assistentin von Frau Mai und verlässt auf eigenen Wunsch in drei Monaten das Unternehmen. Frau Steiger ist gelernte Kauffrau für Bürokommunikation. Da keine aktuelle Stellenbeschreibung vorliegt, bitten Sie Frau Mai um ein Gespräch, um die Anforderungen abzuklären, welche an diese Stelle geknüpft sind.

Sie: „Frau Mai, erklären Sie mir bitte, welches Profil Sie mit dieser Stelle verbinden?"

Frau Mai: „Die Assistenz der Geschäftsführung nimmt eine sehr zentrale Position im Unternehmen ein. Frau Steiger ist in unserem Unternehmen eine verlässliche Ansprechpartnerin, sowohl für unsere Kunden und Mitarbeiter, als auch für mich. Ein absolutes „Muss" ist das Beherrschen mehrerer Sprachen, da wir international aufgestellt sind. Die Stelle ist eine sogenannte Stabstelle und ausschließlich mir unterstellt."

Sie: „Gibt es denn firmenintern niemanden, der in diese Position aufsteigen könnte?"

Frau Mai: „Wenn Frau Steiger krank oder im Urlaub war, wurde sie von Frau Deutsch vertreten. Frau Deutsch arbeitet eigentlich in der Finanzbuchhaltung und ist dort aufgrund ihres Wissenstands und ihrer langjährigen Erfahrung nicht abkömmlich. Ich führte diesbezüglich bereits ein klärendes Gespräch mit meiner treuen Kraft."

Sie: „Können Sie mir etwas mehr zu den Anforderungen für die zu besetzende Position sagen?“

Frau Mai: „Die Person, die diese vertrauens- und verantwortungsvolle Stelle auskleidet, unterstützt mich in allen operativen, konzeptionellen und planerischen Aufgaben. Daneben obliegt Frau Steiger die Beratung der Kunden in allen vertraglichen Belangen. Sie koordiniert meine Termine und sorgt dafür, dass die hierfür notwendigen Unterlagen vor- bzw. aufbereitet zur Entscheidungsfindung vorliegen.“

Sie: „Konkretisieren Sie bitte die Aufgabenbereiche.“

Frau Mai: „Die Hauptaufgabe besteht darin, Projekte bis zur Entscheidungsreife vorzubereiten. Frau Steiger erstellt Statistiken, Richtlinien und Anweisungen bis hin zum Beschluss. Sie erledigt meine Korrespondenz, auch in Englisch und Italienisch. Weitere Aufgaben sind die Erstellung sowie Vor- und Nachbereitung geschäftlicher Vorgänge. Zusätzlich müssen Einzelaufträge teils nach Anweisung, aber auch selbstständig durchgeführt werden. Sehr gute Kenntnisse im Vertrags- und Versicherungswesen runden das Anforderungsprofil ab.“

Sie: „Welche Ausbildung und Berufserfahrung erwarten Sie?“

Frau Mai: „Auf alle Fälle eine abgeschlossene Berufsausbildung zum Kaufmann/zur Kauffrau für Bürokommunikation, jetzt nennt man diesen Beruf meines Wissens ja Kaufmann/ Kauffrau für Büromanagement, oder eine vergleichbare Ausbildung. Ich könnte mir auch gut einen Absolventen der Fachhochschule vorstellen. Wichtig ist vor allen Dingen eine Berufserfahrung in unserer Branche von mindestens drei Jahren. Ach ja, und allem voran sind Selbstständigkeit und Eigeninitiative gefragt. Das Beherrschen der gängigen MS-Office-Programme muss ich wohl nicht extra erwähnen.“

Sie: „Nein, das sehe ich auch als selbstverständlich an. Aber, was ich noch wissen müsste: Wie hoch ist diese Position dotiert?“

Frau Mai: „Na ja, Frau Steiger erhält eine außertarifliche Entlohnung in Höhe von 4.200,00 € brutto. Wissen Sie, in solchen Positionen sind feste Arbeitszeiten eine Illusion. Auch diese Bereitschaft stellt letzten Endes eine Bedingung dar.“

Sie: „Gibt es sonst noch etwas zu beachten?“

Frau Mai: „Vertrauenswürdigkeit, denn die Assistenz der Geschäftsführung hat Zugang zu streng vertraulichen Daten und einen Schlüssel zu meinem Büro.“

Sie: „Wie sieht es mit den persönlichen Anforderungen aus?“

Frau Mai: „Sie haben doch nun ein umfassendes Bild erhalten. Dementsprechend müssen auch die persönlichen Kompetenzen gelagert sein.“

 © Verlag Europa-Lehrmittel

→ Handlungsauftrag

Erledigen Sie die notwendigen Schritte und leiten die entsprechenden Aktionen ein, um einen Ersatz für Frau Steiger zu beschaffen. Legen Sie Ihre schriftlichen Ergebnisse Frau Mai vor.

Notizen ______________________________

Bewerbung 1

Sehr geehrte Damen und sehr geehrte Herren,

auf der Suche nach einer neuen Herausforderung möchte ich mich um die von Ihnen ausgeschriebene Stelle bewerben.
Nach dem Abschluss meines Studiums an der Fachhochschule Darmstadt war ich als Assistent der Geschäftsleitung im Modehaus Couture Hausmann in Wien beschäftigt.

Meine Hauptaufgaben lagen in der Entscheidungsvorbereitung und teilweise in der Umsetzung strategischer Belange der Geschäftsleitung. In Abwesenheit des Managements oblag mir die Entscheidungskompetenz für administrative Aufgaben.
Zusätzlich war ich mit mehreren Projekten betraut, u. a. mit der Organisation des Messestandes inklusive der Modenschau auf der Modemesse in Budapest.
Aufgrund meiner sehr guten betriebswirtschaftlichen Ausbildung war ich verantwortlich für Planung, Kalkulation und Realisation der Modemesse in Köln.
Seit meinem Ausscheiden aus dem Unternehmen bin ich als Designer selbstständig tätig.

Mein Wunsch ist es, mich beruflich mit meinen Erfahrungen in einem internationalen Unternehmen einbringen zu dürfen.

...

Lebenslauf

Persönliche Angaben

Name	Sebastian Buchholz
Geburtsdatum	20. Februar 1980
Geburtsort	München
Staatsangehörigkeit	deutsch
Familienstand	ledig
Wohnort	Haydnstr. 129 80331 München
Telefon	(089) 123 45 30
Telefax	(089) 123 45 31
E-Mail	s.buchholz@web.de

Schulbildung

1986 – 1998	Mittlere Reife - Wirtschaftsschulabschluss
2000 – 2003	Duale Ausbildung zum Industriekaufmann mit Abschluss der Fachoberschulreife

Berufsausbildung und Erfahrung

2004 – 2005	Industriekaufmann bei Firma Chemtec in Bad Baumburg
2006 – 2008	Studium an der FH Darmstadt mit Abschluss Bachelor of Arts (Business Administration)
2008	Mehrmonatiger Aufenthalt in Australien, mit dem Erwerb sehr guter Sprachkenntnisse in Englisch
2009 – 2010	Assistent der Geschäftsleitung im Modehaus Couture Hausmann in Wien
Seit 2010	Selbstständigkeit als Designer

Sonstige Kenntnisse und Fähigkeiten

- Englisch in Wort und Schrift
- Grundkenntnisse der chinesischen Sprache
- Sehr gute Kenntnisse von MS Office

Hobbys

- Mode
- Tanzen und Freunde treffen

München, 13. Mai ..

Sebastian Buchholz

 © Verlag Europa-Lehrmittel

Arbeitszeugnis

Herr Sebastian Buchholz, geboren am 20.02.1980 in München, war vom 01.02.2009 bis zum 31.10.2010 in unserem Hause als Assistent der Geschäftsleitung beschäftigt.
Ab dem 20.08.2010 oblag ihm die Projektleitung der Messeauftritte unseres Unternehmens.

Die Tätigkeit von Herrn Buchholz umfasste neben den allgemeinen administrativen und strategischen Aufgaben der Geschäftsführung, im Wesentlichen die eigenverantwortliche Betreuung nachfolgender Bereiche

- administrative Leitung des Sekretariats
- Planung, Kalkulation und Realisation diverser Projekte, mit eigenverantwortlicher Projektabwicklung der Messeauftritte inklusive Kostenkontrolle
- Vertretung der Geschäftsführung bei Abwesenheit mit Entscheidungskompetenz
- Aufbereitung der betriebswirtschaftlichen Auswertungen und Aufbau eines Kennzahlensystems

Herr Buchholz konnte aufgrund seiner Fachkenntnisse wiederholt mit schwierigen Aufgaben betraut werden, welche er völlig selbstständig erfolgreich bearbeitete.

Durch seine sehr aktive Einstellung, in Verbindung mit seinen sehr guten Kenntnissen, führte Herr Buchholz seine Aufgaben zu unserer vollen Zufriedenheit durch.
Herr Buchholz zeigte gute Einsatzbereitschaft. Seine optimistische Haltung, auch in schwierigen Fällen, wirkte ansteckend auf sein gesamtes Arbeitsumfeld.

Bei der Erledigung der Aufgaben zeichnete er sich durch Selbstständigkeit und Fleiß aus.

Herr Buchholz war ein pflichtbewusster und zuverlässiger Mitarbeiter, der seine Aufgaben zügig und gut erledigte. Er hat unseren Erwartungen im Wesentlichen entsprochen.

Sein Verhalten Kollegen und Vorgesetzten gegenüber, war stets einwandfrei. Seine gesellige Art trug zur Verbesserung des Betriebsklimas bei.

Wir danken Herrn Buchholz für seine Mitarbeit und bedauern es, ihn als Mitarbeiter zu verlieren.

Modehaus Couture Hausmann

Josefa Hausmann-Milhaud
Josefa Hausmann-Milhaud
Geschäftsleitung

Bewerbung 2

Zu meiner Person

Nach meiner Ausbildung als Zahnarzthelferin orientierte ich mich neu.
Meinen weiteren beruflichen Lebensweg sah ich im kaufmännischen Bereich.
Die hierfür notwendige „Ausbildung" und Berufserfahrung sammelte ich als Assistentin des Hotelmanagers im Hotel Garden.

(...)

Nach meinem Erziehungsurlaub ergab sich für mich die Möglichkeit als Assistent der Geschäftsführung ein junges Unternehmen, „CallU Telekommunikation GmbH" in München mit aufzubauen.

Wie aus beiliegendem Arbeitszeugnis ersichtlich, war ich für das gesamte Führungsmanagement [Leitung der Verwaltung, Rechnungswesen, Controlling (Umsatzentwicklung: Steigerung von 1,2 Mio. € auf ca. 9 Mio. €), Personal- (180 eigene MA und 60 Subunternehmer), Vertrags- und Versicherungsmanagement, sowie Aufbau und Leitung des Firmenfuhrparks (Größe: 130 Fahrzeuge)] verantwortlich. Für neue Firmenzukäufe oblag mir die Projektleitung.

Trotz dieses interessanten Aufgabenspektrums reizte mich Mitte 2006 das Angebot des damaligen Vorstandes der Chemical Health AG, als seine Assistentin in seine Firma einzutreten. Leider erwies sich diese Position, nicht wie versprochen als seine Assistentin, sondern als seine Sekretärin.

Aus diesem Grund beendete ich das Arbeitsverhältnis noch während der Probezeit.

(...)

Während meiner darauffolgenden Erziehungspause begann ich ein berufsbegleitendes Studium, Bachelor of Laws an der FernUniversität Hameln, welches ich im September 2010 mit Erfolg abgeschlossen habe.

Meine Erfahrungen möchte ich nun wieder in einem mittelständischen Unternehmen einbringen ...

© Verlag Europa-Lehrmittel

Lebenslauf

Vorname, Name	Alice Smith
Geburtsdatum	10.03.1975
Geburtsort	München
Familienstand	Verheiratet, 2 Kinder (9 und 11 Jahre)
Staatsangehörig-keit	Deutsch
Konfession	r. k.

Schul- und Berufsausbildung

1993	Allgemeine Hochschulreife, Englische Fräulein Trudering
1993-1995	Ausbildung zur Zahnarzthelferin
2007 - 2010	Bachelor of Laws, FernUniversität Hameln
Sprachkenntnisse	Englisch, Französisch, Italienisch
EDV-Kenntnisse	MS Office (sehr gut), diverse DATEV-Programme (sehr gut) und diverse Grafikprogramme (gut)

Berufstätigkeit/-erfahrung

1995 – 1996	Zahnarzthelferin (Ersthelferin) in der Zahnarztpraxis Dental in Holzkirchen
1996 – 2002	Assistenz des Hotelmanagers im Hotel Garden am Tegernsee
2002 – 2006	Assistentin der Geschäftsleitung, Firma CallU Telekommunikation GmbH München
06/2006 – 11/2006	Assistenz des Vorstands Chemical Health AG in Köln

Berufliche Weiterbildung

11/2002	Neues Arbeitsrecht – HWK für München und Obb.
1997	Geprüfte Managementassistentin IHK München und Obb.
1998	DATEV Nürnberg Lohn- und Finanzbuchhaltung, Kostenstellenrechnung

Starnberg, 11. Mai ..

Alice Smith

Arbeitszeugnis

Frau Alice Smith war in unserem Unternehmen vom 02.09.2002 bis zum 31.05.2006 als Assistentin der Geschäftsführung beschäftigt.

Ihr Aufgabengebiet umfasste die Unterstützung der Geschäftsführung in den Bereichen strategischer und operativer Planung, speziell bei der Informationsselektion und Entscheidungsvorbereitung.

Zudem führte Frau Smith die Verwaltung, insbesondere alleinverantwortlich die Bereiche des Versicherungs-, Fuhrparks- und Personalmanagements und das Bankgeschäft.

Weiter war sie federführend in den Sektoren: allgemeines Vertragsrecht und Arbeitsrecht.

Hervorheben möchten wir die maßgebliche Beteiligung von Frau Smith am Aufbau der Lohn- und Finanzbuchhaltung, sowie an der Einführung und Betreuung der Kostenstellenrechnung.

Aufgrund ihrer Fachkenntnisse konnte sie wiederholt mit schwierigen Aufgaben, auch in Randbereichen betraut werden, die sie völlig selbstständig und erfolgreich bearbeitete.
Sie war in der Lage auch schwierigste Situationen sofort zutreffend zu erfassen und schnell richtige Lösung zu finden.
Frau Smith zeigte dabei stets Eigeninitiative und überzeugte durch ihre große Leistungsbereitschaft.

Auch stärkstem Arbeitsanfall war sie stets gewachsen. Sie identifizierte sich absolut mit ihrer verantwortlichen Aufgabe und dem Unternehmen und stellte persönliche Belange stets zurück.

Frau Smith wird von den ihr unterstellten Mitarbeitern geachtet und besitzt die Fähigkeit, diese anzuleiten und verantwortungsbewusst zu den gewünschten Leistungen zu führen.

Frau Smith hat die ihr übertragenen Aufgabenbereiche stets zur vollsten Zufriedenheit erfüllt. Das persönliche Verhalten gegenüber Vorgesetzten, Kollegen und Kunden war stets einwandfrei.

Frau Smith scheidet auf eigenen Wunsch aus unserem Unternehmen aus.

Wir danken ihr für ihre Mitwirkung am Aufbau unseres Unternehmens und wünschen ihr weiterhin viel Erfolg und persönlich alles Gute.

Yong Liù

Yong Liù
Geschäftsführung
Telekommunikation CallU GmbH

 © Verlag Europa-Lehrmittel

3.5 Wertströme erfassen

1 Einführung in die Buchführung

Unter Buchführung versteht man die ____

____ eines Unternehmens. Um diese Darstellung zu erreichen, ist die Einhaltung der Grundsätze ordnungsmäßiger Buchführung unumgänglich.

2 Rechtliche Grundlagen

Aufgabe

1. Lösen Sie das Kreuzworträtsel.

1 Endbestand des Vorjahres = Anfangsbestand des Folgejahres. Dies ist der Grundsatz der ...

2 Keine Buchung ohne ...

3 Anzahl der Aufbewahrungsjahre für Handelsbücher, Inventare und Bilanzen

4 Anzahl der Aufbewahrungsjahre für Handelsbriefe

5 Nach welchem Grundsatz erfolgt die Bewertung der Vermögensgegenstände?

6 Die periodengerechte Zuordnung von Aufwand und Ertrag bezieht sich auf den Grund satz der ...

7 Welches Verbot wird im Grundsatz der Klarheit und Übersichtlichkeit angeführt?

8 Die Forderung der Erfassung aller Geschäftsfälle drückt sich im Grundsatz der ... aus.

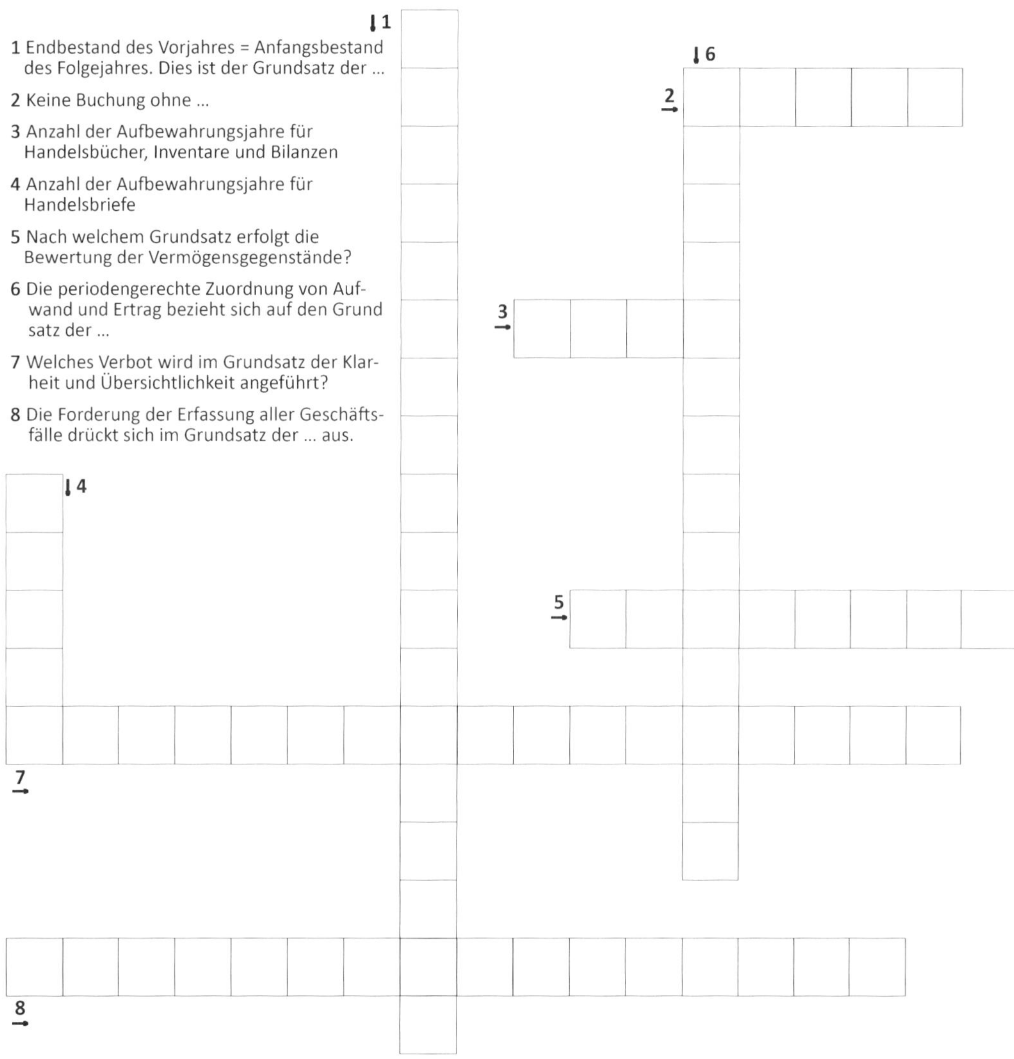

Die Arbeit mit Belegen

Belege bilden das Rückgrat der Buchhaltung. Nach dem Motto ______________________________ ______________________________ werden die Geschäftsfälle erfasst und abgebildet.

1 Woher kommt der Beleg?

2 An wen ist der Beleg adressiert? Demnach unterscheidet man ____________________ ____________________

3 Um welche Belegart handelt es sich? ____________________ ____________________ ____________________ ____________________ ____________________

4 ____________________ des direkten Ansprechpartners

5 ____________________ für die genaue Zuordnung der Rechnung zum __________ und für den ______________ ____________________

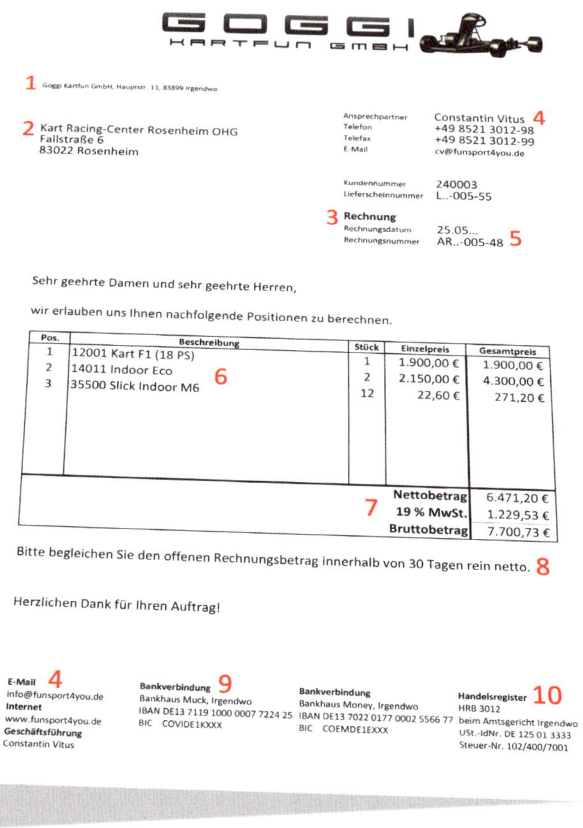

GOGGI KARTFUN GMBH

1 Goggi Kartfun GmbH, Hauptstr. 11, 83899 Irgendwo

2 Kart Racing-Center Rosenheim OHG
Fallstraße 6
83022 Rosenheim

Ansprechpartner Constantin Vitus 4
Telefon +49 8521 3012-98
Telefax +49 8521 3012-99
E-Mail cv@funsport4you.de

Kundennummer 240003
Lieferscheinnummer L..-005-55

3 **Rechnung**
Rechnungsdatum 25.05...
Rechnungsnummer AR..-005-48 5

Sehr geehrte Damen und sehr geehrte Herren,

wir erlauben uns Ihnen nachfolgende Positionen zu berechnen.

Pos.	Beschreibung	Stück	Einzelpreis	Gesamtpreis
1	12001 Kart F1 (18 PS)	1	1.900,00 €	1.900,00 €
2	14011 Indoor Eco 6	2	2.150,00 €	4.300,00 €
3	35500 Slick Indoor M6	12	22,60 €	271,20 €
			7 **Nettobetrag**	6.471,20 €
			19 % MwSt.	1.229,53 €
			Bruttobetrag	7.700,73 €

Bitte begleichen Sie den offenen Rechnungsbetrag innerhalb von 30 Tagen rein netto. 8

Herzlichen Dank für Ihren Auftrag!

E-Mail 4
info@funsport4you.de
Internet
www.funsport4you.de
Geschäftsführung
Constantin Vitus

Bankverbindung 9
Bankhaus Muck, Irgendwo
IBAN DE13 7119 1000 0007 7224 25
BIC COVIDE1KXXX

Bankverbindung
Bankhaus Money, Irgendwo
IBAN DE13 7022 0177 0002 5566 77
BIC COEMDE1EXXX

Handelsregister 10
HRB 3012
beim Amtsgericht Irgendwo
USt.-IdNr. DE 125 01 3333
Steuer-Nr. 102/400/7001

6 Art- und Menge der Lieferung mit Preisangaben

Diese Angaben dienen zur ____

7 Preisbestandteile wie Nettobetrag, Nebenkosten wie z. B. Transportkosten, Umsatzsteueranteil in Prozent und Betrag und Bruttobetrag.

8 ____________________ für den zeitlich korrekten Rechnungsausgleich

9 ____________________ für den Zahlungsverkehr

10 Angabe der USt.-IdNr. und der Steuernummer. Die Angabe der USt.-IdNr. ist notwendig für den ____ (EU).

Die Steuernummer stellt die Legitimation als Gewerbe dar.

 © Verlag Europa-Lehrmittel

In der Buchhaltung werden die Belege auf ______________________________

______________ hin überprüft. Der Geschäftsfall wird gebucht und abgeheftet.

Aufgabe

1. Benennen Sie den Beleg für die angegebenen Geschäftsfälle.

______________________ (Einkauf von Waren, Maschinen usw.)

______________________ (Verkauf von Waren, eigenen Erzeugnissen usw.)

______________________ (Ein- und Auszahlung, Überweisung usw.)

______________________ (Barzahlung)

3 Einnahmenüberschussrechnung (EÜR)

Die Einnahmen- und Ausgabenrechnung dient den Kleinunternehmern, den Land- und

Forstwirten und Freiberuflern zur Ermittlung von _________________________

Man spricht von einer ____

Das ________________ baut sich ebenfalls in dieser Form auf.

Aufgaben

1. Führen Sie das Kassenbuch der Sport Lilly e. K. für den 25.09...
   Der Kassenbestand des Vortages lautet 489,54 €. Nachfolgende Geschäftsfälle wurden getätigt:

   → Barzahlung der Nachnahmesendung des Lieferanten Hansen, 298,00 €

   → Abhebung von 400,00 € vom Bankkonto und Einlage dieser in die Kasse

   → Barzahlung einer Tankrechnung für den Geschäftswagen, Höhe 98,00 €

   → Frau Mücke erhält ihren Aushilfslohn in Höhe von 45,00 € bar ausgezahlt.

   → Quittierte Eingangsrechnung für ein Catering, Rechnungsbetrag 326,00 €

   → Tageslosung (Tageseinnahmen) 862,50 €

Datum	Vorgang	Einnahmen	Ausgaben

2. Das Kassenbuch der Goggi Kartfun GmbH wird im Gegensatz zum Sportfachhandel Sport Lilly e. K nicht täglich abgeschlossen.
Erstellen Sie in Excel ein Kassenbuch für die Woche vom 25.09... bis 30.09... nach nebenstehendem Muster.

	A	B	C	D	E
1	Kassenbuch				
2	Datum	Text	Einnahmen	Ausgaben	Saldo
3		Anfangsbestand			
4					
5					

Folgend die Angaben aus dem Tagesgeschäft ...
Am Morgen des 25. September .. befindet sich in der Kasse nachfolgendes Wechselgeld ...

Banknoten/Münzen	Anzahl
100,00 €	2
50,00 €	7
20,00 €	6
10,00 €	5
5,00 €	5
2,00 €	20
1,00 €	13
0,50 €	26
0,20 €	50
0,10 €	41
0,05 €	16
0,02 €	34
0,01 €	14

 © Verlag Europa-Lehrmittel

… und die Tageseinnahmen in bar betragen wie folgt für den

25.09…	369,00 €
26.09…	65,20 €
27.09…	210,00 €
28.03	23,90 €
29.09…	312,00 €
30.09…	0,00 €.

Natürlich sammelten sich auch einige Belege im Laufe der Geschäftswoche an:

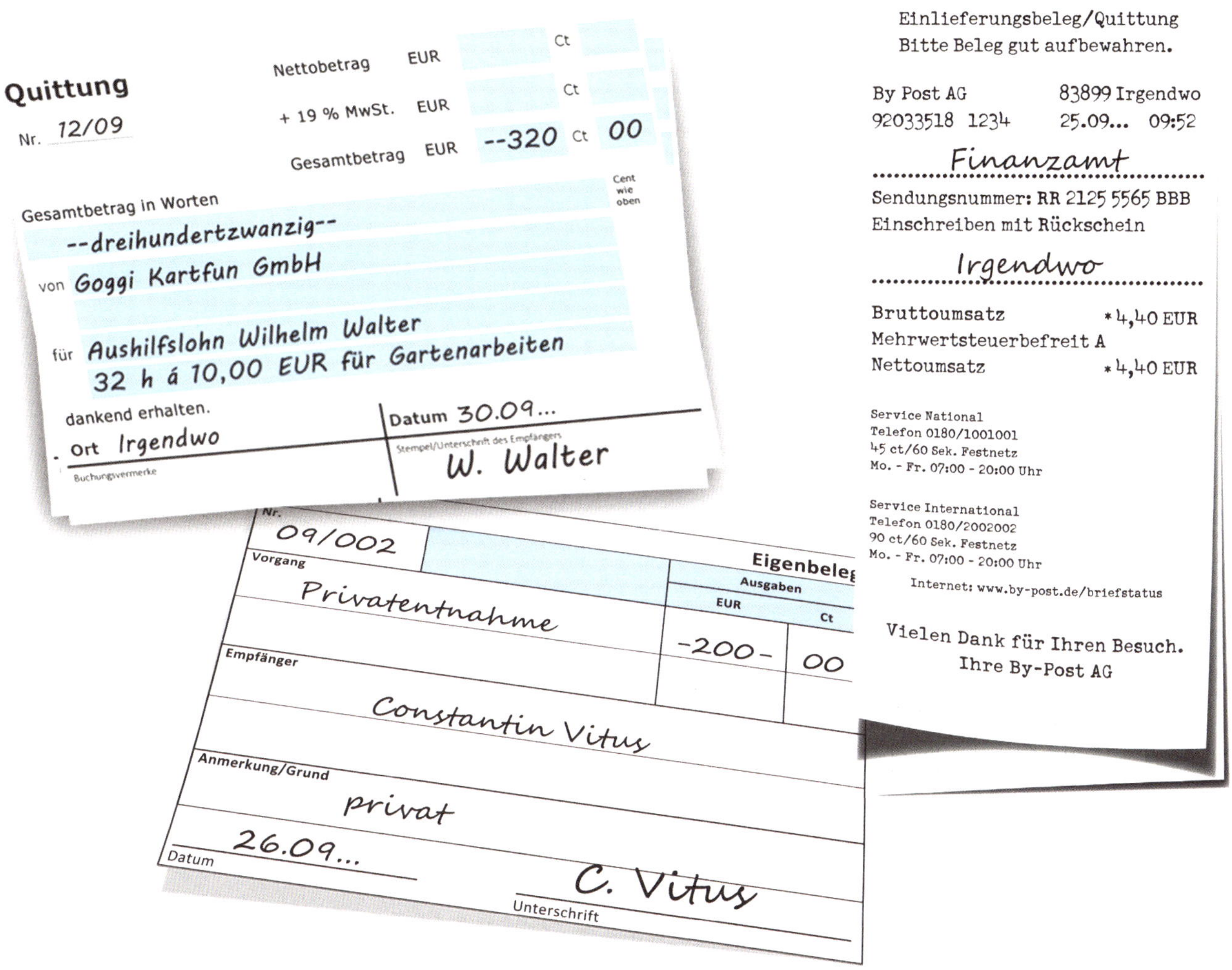
Quittung
Nr. 12/09
Nettobetrag EUR Ct
+ 19 % MwSt. EUR Ct
Gesamtbetrag EUR --320 Ct 00
Cent wie oben
Gesamtbetrag in Worten --dreihundertzwanzig--
von Goggi Kartfun GmbH
für Aushilfslohn Wilhelm Walter
32 h á 10,00 EUR für Gartenarbeiten
dankend erhalten.
Ort Irgendwo
Datum 30.09…
W. Walter

Nr. 09/002
Eigenbeleg
Vorgang Privatentnahme
Ausgaben EUR -200- Ct 00
Empfänger Constantin Vitus
Anmerkung/Grund privat
Datum 26.09…
Unterschrift C. Vitus

Einlieferungsbeleg/Quittung
Bitte Beleg gut aufbewahren.
By Post AG 83899 Irgendwo
92033518 1234 25.09… 09:52
Finanzamt
Sendungsnummer: RR 2125 5565 BBB
Einschreiben mit Rückschein
Irgendwo
Bruttoumsatz *4,40 EUR
Mehrwertsteuerbefreit A
Nettoumsatz *4,40 EUR
Service National
Telefon 0180/1001001
45 ct/60 Sek. Festnetz
Mo. - Fr. 07:00 - 20:00 Uhr
Service International
Telefon 0180/2002002
90 ct/60 Sek. Festnetz
Mo. - Fr. 07:00 - 20:00 Uhr
Internet: www.by-post.de/briefstatus
Vielen Dank für Ihren Besuch.
Ihre By-Post AG

© Verlag Europa-Lehrmittel

Empfänger
Goggi Kartfun GmbH
Hauptstr. 11
83899 Irgendwo

Stilus KG
Bürobedarf Stilus KG
Balanstraße 21
83899 Irgendwo
Telefon +49 8521 3055-0
Telefax +49 8521 3055-10
E-Mail info@stilus-kg.de
USt.-IdNr. DE 125 05 3439
Steuer-Nr. 102/408/8441

Rechnungsdatum 28.09...
Lieferdatum 28.09...
Rechnungsnummer ../09-112

Anzahl	Artikel	Einzelpreis €	Ct	Gesamtpreis €	Ct
20	Stilus Doppelordner	6	02	120	40
4	4er Set Einweg Tintenroller	5	80	23	20
3	Stilus Flipchartblock	18	20	54	60
2	Umschläge Format DL (500 St.)	16	30	32	60
5	Kopierpapier A4 500 Blatt	2	19	10	95
	Rechnungssumme netto			241	75
	+19 % MwSt.			45	93
	Rechnungssumme brutto			287	68

Betrag dankend erhalten am 28.09...
Hanna Stilus

By Post AG
Irgendwo
92033518 1234 2200
26.09...
14:09
Postwertzeichen
ohne Zuschlag
Nettoumsatz *55,00 EUR

Umsatzsteuerbefreiter Umsatz
gem. § Nr. 11 b UStG
USt.-IdNr. DE 123456789

Vielen Dank für
Ihren Einkauf.

Informationen im Internet
unter www.by-post.de

By Post A

FAHRPREISQUITTUNG
Taxi 1007

TAXI PRONTO
TAXI & MIETWAGEN PAOLO PRONTO
Äußere Ringstraße 52 83899 Irgendwo
Telefon 08521 101011
Mobil 0151 100100122
Steuernummer 102/455/1001

☒ Stadtfahrt ☐ Schülerfahrt
☐ Krankenfahrt ☐ Besorgungsfahrt

Auftragsnummer 09/19

Fahrpreis --14,30-- €

In diesem Betrag sind
7 % MwSt enthalten.

von Bahnhof Irgendwo

nach Hauptstraße 11, Irgendwo

Irgendwo, den 29.09... Pronto
Unterschrift

4 Systematik der Aufzeichnungspflicht in Unternehmen

Die Aufzeichnungspflicht ____

______________________________ wird vonseiten der Gesetzgebung klar geregelt.

Die per ____________ erfassten Daten werden im Anschluss in ________________

übertragen. Das Inventar ist ____

aller Vermögensgegenstände und Schulden eines Unternehmens.

Lernsituation 8

Sie sind Praktikant bei der Sport Lilly e. K. und erhalten die Aufgabe an der diesjährigen Inventur tatkräftig mitzuwirken. Um Ihnen eine kleine Orientierungshilfe zu geben, erhalten Sie von Frau Chorrera einen Flyer des Steuerberaters des Unternehmens.

Von der Finanzbuchhaltung erhalten Sie einen Auszug aus dem Warenwirtschaftssystem des Unternehmens über die Sollbestände im Bereich der Handelswaren.

Lfd. Nr.	Artikel	Art.-Nr.	Menge Ist	Menge Soll	Differenz	Einzelpreis	Gesamt-Preis (IST)	Gesamt-Preis (SOLL)	Differenzbetrag
1	Golfset Pro	G 11		12		250,00 €			
2	Golfset Lady	G 12		4		220,00 €			
3	Junior Golf	*G 13*		3		165,00 €			
4	Golfbälle	G 19		63		3,00 €			
5	Spinningbike R-12	F 1		8		320,00 €			
6	Hantelbank	F 2		3		65,00 €			
7	Gewichte-Set Mucki	F 3		15		20,00 €			
8	Eiweiß-Energy Drinks	F 11		61		4,00 €			
9	Kiteboard Sail	S 1		9		150,00 €			
10	Kiteboard Freerider	S 25		7		190,00 €			
11	Segel Wind 01	S 32		6		90,00 €			
12	Billy Kite komplett	S 33		15		340,00 €			
13	Skateboard Tricky	T 2		12		15,00 €			
14	Skateboard Bump	T 4		11		19,00 €			
15	Inliner Speed	T 8		9		29,00 €			
16	Blader Women	T 12		20		32,00 €			
17	Protector-Set	T 13		31		9,00 €			
18	Helme Safety	T 16		14		15,00 €			
19	Nordic-Walker	O 1		31		6,00 €			
20	Sportschuh Treter	O 2		25		26,00 €			
21	Jogger Lady	O 10		14		32,00 €			
22	Jogger Man	O 11		13		34,00 €			
23	T-Shirt Climber	W 1		8		9,00 €			
24	Sweater Emeth	W 3		45		11,00 €			
25	Short Jaspy	W 4		16		14,00 €			
...	...	...	...	Bestand Handelswaren					
						Inventurdifferenz			

 © Verlag Europa-Lehrmittel

Zusätzlich ergab die Inventur folgende IST-Zahlen:
(Hinweis: Die noch offenen Forderungen und Verbindlichkeiten gegenüber Lieferanten sind einzeln aufgeschlüsselt.)

Bespannungsmaschine
1.250,00 €
Ski-Servicemaschine
950,00 €

Fuhrpark
Lkw IN-SL 299
49.500,00 €
Pkw IN-DX 666
32.000,00 €

Kassensystem
1.230,00 €
PC
4.600,00 €

Regalsysteme
42.600,00 €
Kleiderständer
2.100,00 €

Ladentheke
980,00 €
Schaufensterpuppen
640,00 €

Bestand
Golfset Pro 12
Golfset Lady 5
Junior Golf 3
Golfbälle 39

Bestand
Spinning R-12 8
Hantelbank 3
Gewichte Mucki 16
Energy-Drink 61

Bestand
Kiteboard Sail 9
Kiteb. Freerider 7
Segel Wind 6
Billy Kite 15

Forderungen
240012 → 3.600,00 €
240016 → 1.100,00 €
240017 → 940,00 €

Bestand
Nordic-Walker 31
Sportschuh Treter 25
Jogger Lady 14
Jogger Man 13

Bestand
Inliner Speed 9
Blader Women 14
Protector-Set 31
Helm Safety 14

Kontoauszug 31.12.
Bankhaus Muck
14.600,00 €
Bank12 AG
69.900,00 €

Bestand
T-Shirt Climber 8
Sweater Emeth 45
Short Jaspy 16

Bestand
Skateboard Tricky 12
Skateboard Bump 11

Darlehen 31.12.
Bank12 AG
100.900,00 €

Verbindlichkeiten
440015 → 9.600,00 €
440017 → 6.100,00 €
440019 → 2.140,00 €
440022 → 630,00 €

Kasse → Scheine
5,00 € → 10 St.
10,00 € → 40 St.
20,00 € → 45 St.
50,00 € → 17 St.
100,00 € → 10 St.

Kasse → Münzen
0,05 € → 30 St.
0,10 € → 60 St.
0,50 € → 27 St.
1,00 € → 48 St.
2,00 € → 28 St.

In einem hausinternen Seminar erklärt Ihnen der Steuerberater Herr Ehrlich nochmals kurz die Hintergründe der Inventur.

Aus der Inventur wird das ____________________ gebildet. Die Vermögensgegenstände werden ebenso wie die Schulden des Unternehmens nach einer klaren Reihenfolge geordnet.

→ Handlungsauftrag

Füllen Sie die Lücken im Text und auf der Tafelanschrift aus und erstellen Sie im Anschluss das Inventar für Sport Lilly e. K. zum 31.12...

Bilanz

 © Verlag Europa-Lehrmittel

§ 247 HGB
Inhalt der Bilanz
(1) In der Bilanz sind dasAnlage- und das Umlaufvermögen, das Eigenkapital, die Schulden sowie die Rechnungsabgrenzungsposten gesondert auszuweisen und hinreichend aufzugliedern.

§ 266 HGB
Gliederung der Bilanz
(1) Die Bilanz ist in Kontenform aufzustellen (...)

Die Bilanz gliedert sich grundsätzlich wie folgt

Aktiva	Bilanz zum ... Passiva
Summe Aktiva	Summe Passiva

Mittel- ____________ Mittel- ____________

Aufgaben

1. Der Spielzeugfachhändler Joujou KG stellte Ihnen nachfolgende Daten aus dem Inventar bereit.
Ordnen Sie diese der Aktiv- bzw. Passivseite der Bilanz zu und schließen die Bilanz ab.
(Achten Sie zukünftig auf die Buchhalternase!)

Verbindlichkeiten gegenüber Lieferanten 421.000,00 €
Handelswaren 369.000,00 €
Firmengrundstück 290.000,00 €
Langfristige Verbindlichkeiten (Darlehen) 650.000,00 €
Kasse 32.000,00 €
Betriebsgebäude 710.000,00 €
Fuhrpark 84.000,00 €
Bank 69.000,00 €
Forderungen gegenüber Kunden 205.000,00 €
BGA 104.000,00 €
Maschinen 98.000,00 €

Aktiva **Bilanz der Joujou KG zum 31.12…** **Passiva**

Aktiva	Passiva
A. Anlagevermögen	A. Eigenkapital
	B. Verbindlichkeiten
B. Umlaufvermögen	

2. Setzen Sie die Lernsituation 8 fort und erstellen nun für Sport Lilly e. K. die Schussbilanz zum 31.12...
Achten Sie auf die Gliederungsvorschriften aus dem Lehrbuch bzw. nehmen Sie § 266 HGB als Stütze.

5 Geschäftstätigkeit und ihre Auswirkungen auf die Bilanz

5.1 Bilanzveränderungen

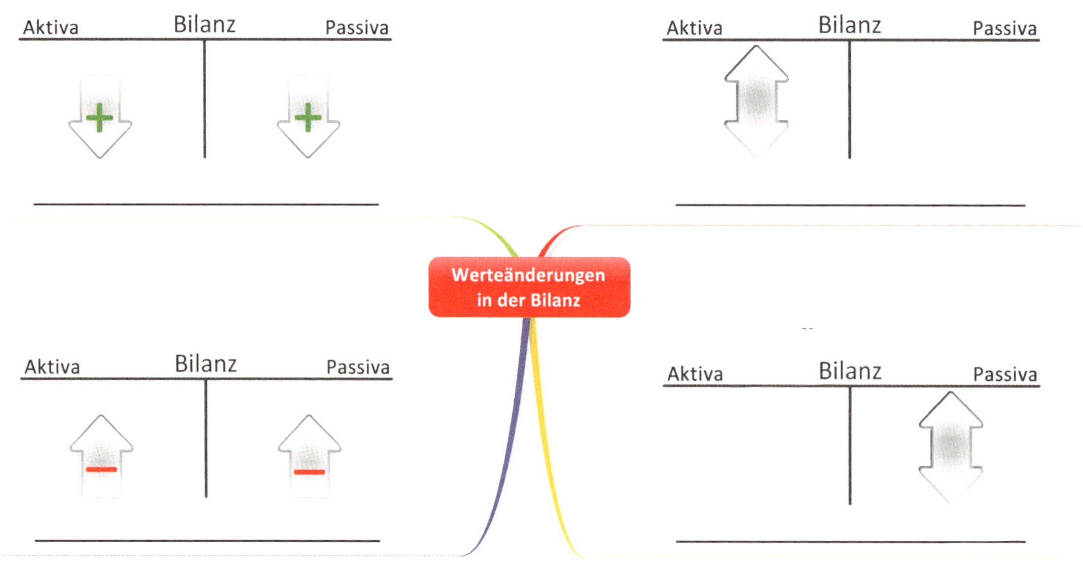

 © Verlag Europa-Lehrmittel

Aufgaben

1. Florentina Angermeier hat soeben ihr Studium an der Akademie Mode Design in Mailand abgeschlossen. Sie plant seit längerem in ihrer Heimatstadt Burghausen einen eigenen Laden zu eröffnen. Da sie sich auf historische Gewänder spezialisierte, ist die Altstadt von Burghausen mit ihren historischen Bauten und ihren geschichtsträchtigen Gemäuern, das ideale Ambiente für ihren Berufstraum.
Der Startschuss in die Selbstständigkeit ist ein Sparvertrag in Höhe von 50.000,00 €, der nun zur Auszahlung kommt. Sie gründet das Unternehmen Moda Historica Florentina Angermeier.
Ihr zukünftiger Vermieter ist begeistert von ihrer Idee und unterbreitet ihr den großzügigen Vorschlag: „Bringen Sie doch ihren Laden erst ´mal in Schwung. In drei Monaten sprechen wir dann über die Miete."
Etwas erleichtert, leistet sie sich eine Sister-Profinähmaschine für 9.600,00 €.
Bei der Firma Stoffe Rebotnicik aus Wien ordert sie ihre Stoffe (Rohstoffe) in Höhe von 6.200,00 €. Um ein vernünftiges Sortiment anbieten zu können, ergänzt sie ihr vorerst kleines Angebot mit Leinenhemden und Ledertaschen (Handelswaren) für gesamt 18.000,00 €.
Um möglichst mobil zu sein, finanziert sie einen Kleinwagen. Für diesen hilft ihr ein Darlehen in Höhe von 25.000,00 € einen Schritt weiter.
Aber ihr ganzer Stolz ist ihre Registrierkasse aus dem Jahre 1950. Diese ersteigerte sie für 500,00 €.
Die Regale und Schaufensterpuppen und den PC mit Bildschirm und Drucker konnte sie für 11.450,00 € erwerben.
Das Wechselgeld in Höhe von 450,00 € hat sie bereits die Kasse gelegt.
Mit dem restlichen Betrag eröffnet sie ein Geschäftskonto und zahlt ihn ein.

   a) Erstellen Sie die Eröffnungsbilanz der Moda Historica zum 01.01...

Aktiva — **Eröffnungsbilanz der Moda Historica zum 01.01...** — **Passiva**

Aktiva	Passiva
A. Anlagevermögen	A. Eigenkapital
	B. Verbindlichkeiten
B. Umlaufvermögen	

b) Nachdem die Eröffnungsbilanz nun aufgestellt ist, wird der Laden feierlich eingeweiht. Die ersten Kunden suchen das Geschäft auf und bereits nach einer halben Stunde ist die erste Ledertasche für 300,00 € verkauft.
Stellen Sie dar, wie sich die Bilanz durch diesen Geschäftsfall verändert und wie man diese Wertänderung bezeichnet.

Aktiva | **Bilanz der Moda Historica** | **Passiva**

A. Anlagevermögen		A. Eigenkapital	
Maschinen			
Fuhrpark		B. Verbindlichkeiten	
BGA		Darlehen	
B. Umlaufvermögen			
Rohstoffe			
Handelswaren			
Bank			
Kasse			

Wertveränderung = ______________________

c) Ein Verein bestellt bei Florentina 50 Lodenjacken. Sie hat die Ware nicht vorrätig und ordert diese ihrerseits bei einem Lieferanten. Die Jacken treffen heute inklusive Rechnung ein. Die Rechnungssumme beträgt 2.300,00 €.
Stellen Sie die Veränderung der eben aufgestellten Bilanz dar und bezeichnen Sie diese.

Aktiva | **Bilanz der Moda Historica** | **Passiva**

A. Anlagevermögen		A. Eigenkapital	
Maschinen			
Fuhrpark		B. Verbindlichkeiten	
BGA		Darlehen	
B. Umlaufvermögen		VLL	
Rohstoffe			
Handelswaren			
Bank			
Kasse			

Wertveränderung = ______________________

 © Verlag Europa-Lehrmittel

d) Vereinbarungsgemäß ist die erste Rate für Florentinas Darlehen in Höhe von 500,00 € fällig. Sie überweist diesen Betrag von ihrem Firmenkonto.
Stellen Sie dar, wie sich Ihre soeben neu aufgestellte Bilanz durch diesen weiteren Geschäftsfall verändert und benennen auch hier die Wertveränderung.

Aktiva — **Bilanz der Moda Historica** — **Passiva**

A. Anlagevermögen		A. Eigenkapital	
Maschinen			
Fuhrpark		B. Verbindlichkeiten	
BGA		Darlehen	
B. Umlaufvermögen		VLL	
Rohstoffe			
Handelswaren			
Bank			
Kasse			

Wertveränderung = ____________________

e) Da in nächster Zeit größere Ausgaben zu erwarten sind und der Verein die bestellten Lodenjacken nun doch erst in einem Monat abholen wird, bittet Florentina den Lieferanten einen Teil der Verbindlichkeiten in Höhe von 2.000,00 €, in ein langfristiges Darlehen umzuwandeln. Dieser willigt ein.
Tragen Sie diesen Geschäftsfall in die Bilanz ein.
Nennen Sie, um welche Form der Wertänderung es sich in diesem Fall handelt.

Aktiva — **Bilanz der Moda Historica** — **Passiva**

A. Anlagevermögen		A. Eigenkapital	
Maschinen			
Fuhrpark		B. Verbindlichkeiten	
BGA		Darlehen	
B. Umlaufvermögen		VLL	
Rohstoffe			
Handelswaren			
Bank			
Kasse			

Wertveränderung = ____________________

© Verlag Europa-Lehrmittel

2. Geben Sie bei den folgenden Geschäftsfällen die betroffenen Konten an und dokumentieren Sie die sich ergebende Veränderung.

Geschäftsfall	Betroffene Konten und Wirkung	Art der Bilanzänderung
Die Vilis Boards GmbH liefert Snowboards in Wert von 3.100,00 € auf Ziel.	Handelswaren + Verbindlichkeiten (VLL) +	Aktiv-Passiv-Mehrung
Das Unternehmen kauft bei Minicooper Seidl ein neues Firmenfahrzeug zum Preis von 24.000,00 € auf Ziel.		
Die offene Rechnung bei Vilis Boards GmbH wird per Bank überwiesen.		
Die Tageslosung in Höhe von 2.350,00 € wird auf das Bankkonto eingezahlt.		
Ein Kunde zahlt eine offene Forderung in Höhe von 300,00 € bar.		
Für die Ausstattung der Ausstellungsräume (Regale usw.) wird ein Darlehen in Höhe von 50.000,00 € aufgenommen.		
Eine gebrauchte Bespannungsmaschine wird für 200,00 € bar verkauft.		
Ein Kunde kauft ein Speedminton-Set zum Preis von 79,00 € bar.		
Ein Mitarbeiter überweist die offene Lieferantenrechnung in Höhe von 460,00 €.		

 © Verlag Europa-Lehrmittel

Geschäftsfall	Betroffene Konten und Wirkung	Art der Bilanzänderung
Ein Kunde kauft ein Golfset im Wert von 900,00 € auf Ziel.		
Eine Lieferantenschuld in Höhe von 1.350,00 € wird in eine Darlehensschuld umgewandelt.		
Eine neue Skiwachs- und Skikantenschleifmaschine für 9.600,00 € wird auf Rechnung gekauft.		
Auf der Messe in München hat Frau Chorrera Skibobs der Firma Snow bestellt. Die Rechnung lautet über 320,00 €.		
In der Kasse fehlt das Wechselgeld. Ein Mitarbeiter holt 300,00 € von der Bank.		

5.2 Auflösung der Bilanz in Konten

5.2.1 Bestandskonten

Um die Berücksichtigung einzelner Geschäftsfälle in der Bilanz zu erleichtern, wird diese in Bestandskonten aufgelöst und die Geschäftsfälle in die einzelnen Bestandskonten eingetragen.

Aktivkonten haben ihren ______________________________.

______________ werden auf der ______________ eingetragen.

______________ werden auf der ______________ eingetragen.

Passivkonten haben ihren ______________________________.

______________ werden auf der ______________ eingetragen.

______________ werden auf der ______________ eingetragen.

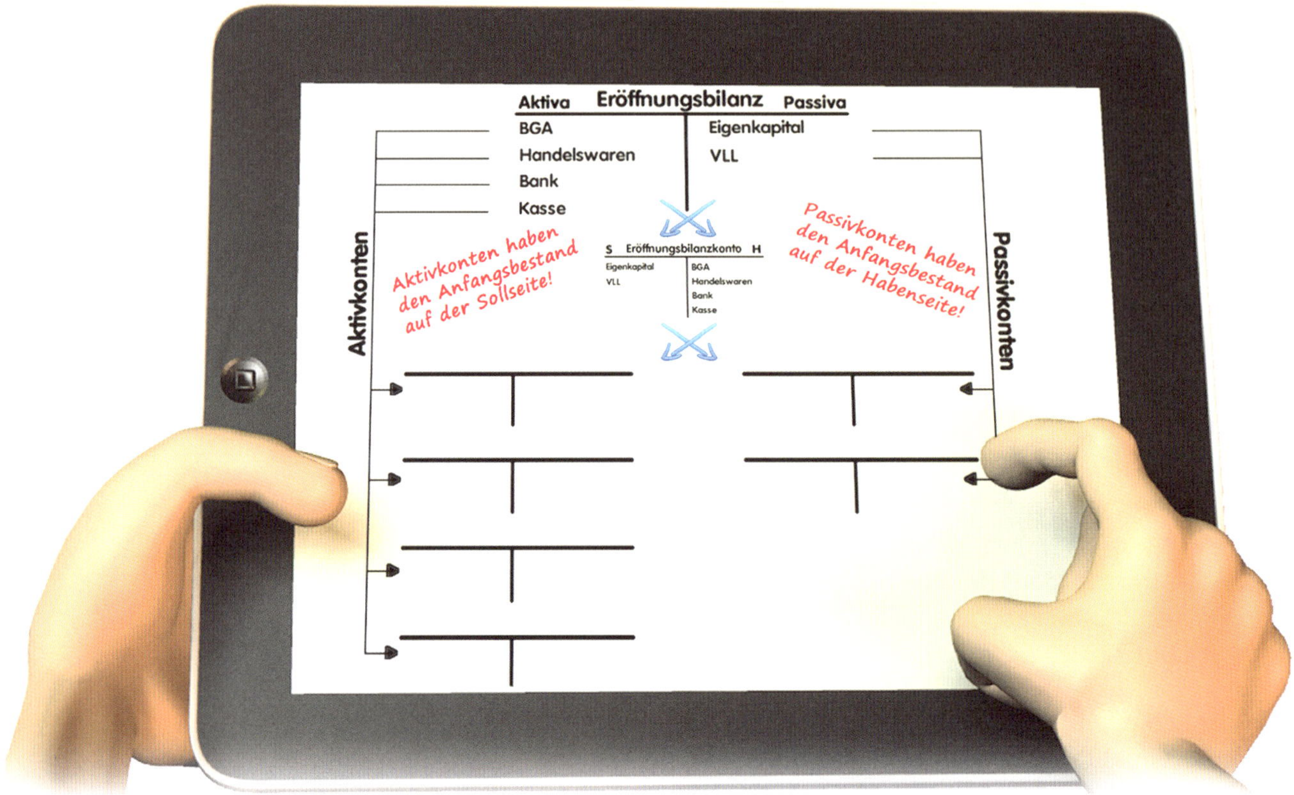

Aufgaben

1. Die „Kunterbunte Kiste“ OHG ist ein Dekorationsfachhandel für Firmen und für besondere Anlässe. Folgende Anfangsbestände des Unternehmens sind gegeben: Darlehen 1.200.000,00 €, bebaute Grundstücke 240.000,00 €, Betriebsgebäude 690.000,00 €, VLL 295.000,00 €, Kasse 3.200,00 €, Handelswaren 460.000,00 €, Lagereinrichtungen 135.000,00 €, Fuhrpark 125.000,00 €, BGA 57.000,00 €, FLL 310.000,00 €, Bank 68.000,00 €.

   a) Erstellen Sie die Bilanz und lösen Sie diese in die einzelnen Bestandskonten auf. (Aus Vereinfachungsgründen wird auf die Erstellung des Eröffnungsbilanzkontos verzichtet.)

 © Verlag Europa-Lehrmittel

Aktiva	Eröffnungsbilanz Kunterbunte Kiste OHG	Passiva

S	H

S	H

S	H

S	H

S	H

S	H

S	H

S	H

S	H

S	H

S	H

S	H

b) Sämtliche Geschäftsfälle werden nun direkt in die betroffenen Konten eingetragen. Kennzeichnen Sie in den Konten aus Aufgabe 1, auf welcher Seite die Mehrung (grünes Plus) und auf welcher Seite die Minderung (rotes Minus) eingetragen wird.

S	Aktives Bestandskonto	H
AB +		−

S	Passives Bestandskonto	H
−		AB +

2. Gegeben sind die Anfangsbestände des Computerfachhändlers Pear Computers Ltd.

a) Tragen Sie die Anfangsbestände in die Bestandskonten ein:
Darlehen 920.000,00 €, Fuhrpark 67.000,00 €, bebautes Grundstück 140.000,00 €, Betriebsgebäude 420.000,00 €, VLL 139.000,00 €, FLL 67.000,00 €, Handelswaren 390.000,00 €, Maschinen 31.000,00 €, Kasse 4.900,00 €, Bank 61.000,00 € und BGA 104.000,00 €.

S	Bebaute Grundstücke		H

S	Eigenkapital		H

S	Betriebsgebäude		H

S	Darlehen		H

S	Maschinen		H

S	VLL		H
		a) HW	2.200,00

S	Fuhrpark		H

S	FLL		H

S	BGA		H

S	Bank		H

© Verlag Europa-Lehrmittel

S	Handelswaren		H
a) VLL	2.200,00		

S	Kasse		H

b) In die Bestandskonten können nun die Geschäftsfälle eingetragen werden. Dabei sind immer Nummer des Geschäftsfalles und das Gegenkonto anzugeben, auf das der Betrag transferiert wurde.
(Anfangs erleichtert es den Überblick, wenn die jeweiligen Eintragungen farblich gekennzeichnet werden.)

a) Beispiel
Sport Lilly e. K. erhält eine Lieferung Outdoorkleidung im Wert von 2.200,00 € auf Ziel.
Angesprochen ist das Konto Handelswaren = Aktivkonto und das Konto Verbindlichkeiten = Passivkonto.
Durch den Kauf wird der Bestand an Handelswaren um 2.200,00 € erhöht.
→ Eintrag auf der Sollseite (Mehrung)
Zusätzlich werden auch die Verbindlichkeiten des Unternehmens um 2.200,00 € größer.
→ Da es sich um ein Passivkonto handelt, ist die Mehrung auf der Habenseite einzutragen.
Gehen Sie bei den Geschäftsfällen b) bis k) nach demselben Schema vor und tragen Sie diese in die Bestandskonten auf den Seiten 146/147 ein.

b) Vom Bankkonto werden 500,00 € abgehoben und in die Kasse gelegt.
c) Die noch offene Rechnung für die Handelswarenlieferung aus Fall a) wird per Bank überwiesen.
d) Ein Laptop im Wert von 800,00 € wird angeschafft und bar bezahlt.
e) Ein Kunde erwirbt ein Spinningrad für 1.300,00 € auf Ziel.
f) Ein anderer Kunde begleicht eine noch offene Rechnung in Höhe von 300,00 € per Banküberweisung.
g) Für die anstehende Skisaison investiert das Unternehmen in eine neue Ski-Servicemaschine für Belagschliff, Kantentuning und Wachsung. Diese wird heute mitsamt Rechnung geliefert. Die Kosten belaufen sich auf 9.600,00 €.
h) Für die geplante Erweiterung der Geschäftsräume wurde ein Darlehen in Höhe von 100.000,00 € aufgenommen. Der Darlehensbetrag geht auf dem Konto ein.
i) Die Inhaberin Frau Chorrera holt bei Minicooper Seidl GmbH ihren neuen Firmenwagen ab und bezahlt die Rechnungssumme mit einem Verrechnungsscheck in Höhe von 24.000,00 €.
j) Ein neues Handy, Kostenpunkt 560,00 €, wird bar bezahlt.
k) Die alte Ski-Servicemaschine wird für 800,00 € bar veräußert.

5.2.2 Buchungssatz

Vor dem Eintrag in die T-Konten wird der Buchungssatz, der den Geschäftsfall abbilden soll, formuliert.

Der einfache Buchungssatz

Einkauf einer Computeranlage, Rechnungsbetrag 2.789,00 €, Bezahlung per Verrechnungsscheck:

1. Schritt

S ______________ H   S ______________ H

2. Schritt

S ______________ H   S ______________ H

3. Schritt

S ______________ H   S ______________ H

4. Schritt

Soll	EUR		Haben	EUR
		an		

 © Verlag Europa-Lehrmittel

Das Darlehen für den neuen Kleintransporter in Höhe von 25.000,00 € wird auf dem Bankkonto gutgeschrieben.

1. Schritt

S ____________ H

S ____________ H

2. Schritt

S ____________ H

S ____________ H

3. Schritt

S ____________ H

S ____________ H

4. Schritt

Soll	EUR		Haben	EUR
		an		

© Verlag Europa-Lehrmittel

Die erste Rückzahlungsrate für das Darlehen in Höhe von 490,00 € wird per Bank angewiesen.

1. Schritt

S ______ H   S ______ H

2. Schritt

S ______ H   S ______ H

3. Schritt

S ______ H   S ______ H

4. Schritt

Soll	EUR		Haben	EUR
		an		

Für die Schaufenster wird Halloweendekoration auf Rechnung gekauft, Kostenpunkt 3.220,00 €.

1. Schritt

S | H

S | H

2. Schritt

S | H

S | H

3. Schritt

S | H

S | H

4. Schritt

Soll	EUR		Haben	EUR
		an		

Aufgabe

1. Bilden Sie zu den folgenden Geschäftsfällen der Goggi Kartfun GmbH die Buchungssätze

S	Aktives Bestandskonto	H
AB +		–

S	Passives Bestandskonto	H
–		AB +

a)

Eingangsrechnung für Handelswaren in Höhe von 3.600,00 €.		Soll	Haben

b)

Ein Kunde begleicht die offene Forderung in Höhe von 1.200,00 € durch Banküberweisung.		Soll	Haben

c)

Aufnahme eines Darlehens in Höhe von 200.000,00 €. Der Betrag wird auf das Bankkonto überwiesen.		Soll	Haben

d)

Kauf einer neuen Produktionsmaschine für 130.000,00 € auf Ziel.		Soll	Haben

e)

Barverkauf des gebrauchten Firmenfahrzeugs in Höhe von 5.000,00 €.		Soll	Haben

f)

Bankabhebung von 400,00 €.		Soll	Haben

g)

Banküberweisung einer offenen Rechnung in Höhe von 3.600,00 € an einen Kreditor.		Soll	Haben

 © Verlag Europa-Lehrmittel

h)

Ein Kunde kauft einen Rennhelm im Wert von 220,00 € auf Ziel.		**Soll**	**Haben**

i)

Banküberweisung einer Tilgungsrate in Höhe von 500,00 € für ein Darlehen.		**Soll**	**Haben**

j)

Banküberweisung einer offenen Rechnung durch einen Kunden in Höhe von 2.450,00 €.		**Soll**	**Haben**

k)

Eine Lieferantenschuld in Höhe von 5.000,00 € wird in ein langfristiges Darlehen umgewandelt.		**Soll**	**Haben**

l)

Die Eingangsrechnung über 900,00 € für den Kauf eines Schreibtisches muss verbucht werden.		**Soll**	**Haben**

m)

Zahlung per Banküberweisung einer offenen Kreditorenrechnung in Höhe von 7.400,00 €.		**Soll**	**Haben**

n)

Die Tageslosung über 1.100,00 € wird auf das Geschäftskonto eingezahlt.		**Soll**	**Haben**

Der zusammengesetzte Buchungssatz

In der Praxis gibt es sehr wenige Geschäftsfälle in denen nur zwei Bilanzposten angesprochen werden.

Die Grundforderung der Buchhaltung lautet:

____

Beispiel

Die Goggi Kartfun GmbH bestellt bei Minicooper Seidl für den neueingestellten Vertriebsleiter einen Dienstwagen. Das Fahrzeug wird heute angeliefert. Vereinbarungsgemäß werden 5.000,00 € angezahlt. Der restliche Betrag muss innerhalb der nächsten 14 Tage beglichen werden.

Seidl

Minicooper Seidl GmbH, Rudolf-Diesel-Ring 4, 83329 Waging am See

Goggi Kartfun GmbH
Hauptstr. 11
83899 Irgendwo

Ansprechpartner: Joshua Seidl
Telefon: +49 8681 444-0
Telefax: +49 8681 444-9
E-Mail: info@minicooper-seidl.de

Kundennummer: 0566
Lieferscheinnummer: L..-010-7

Rechnung
Rechnungsdatum: 05.10...
Rechnungsnummer: AR..-010-7

Sehr geehrte Damen und sehr geehrte Herren,

wir erlauben uns Ihnen nachfolgende Positionen zu berechnen.

Pos.	Beschreibung	Stück	Einzelpreis	Gesamtpreis
1	Cooper Tour	1	22.500,00 €	22.500,00 €
2	Werbeaufschrift	1	900,00 €	900,00 €
3	Überführung	1	500,00 €	500,00 €
			- €	- €
			- €	- €
			- €	- €
			Nettobetrag	23.900,00 €
			19 % MwSt.	4.541,00 €
			Bruttobetrag	28.441,00 €

Bitte begleichen Sie den noch offenen Rechnungsbetrag innerhalb von 14 Tagen rein netto.

ANZAHLUNG 5.000,00 € DANKEND ERHALTEN
5. 10... Joshua Seidl

E-Mail
info@minicooper-seidl.de
Internet
www.minicooper-seidl.de
Geschäftsführer
Joshua Seidl

Bankverbindung
Bankhaus Money, Waging am See
IBAN DE13 7119 1000 0002 2011 58
BIC WAGIDE1KSEX

Handelsregister
HRB 1599
beim Amtsgericht Traunstein
USt.-IdNr. DE 127 04 3599
Steuer-Nr. 102/406/6543

Entwickeln Sie den Buchungssatz für diese Rechnung.

Welche Bilanzposten?	A-/P-Konten	Mehrung/Minderung	Soll	Haben

Der Geschäftsfall bewirkt die folgenden Eintragungen:

S	Fuhrpark	H
AB 120.000,00		

S	Kasse	H
AB 6.500,00		

S	VLL	H
		AB 45.000,00

Soll	EUR		Haben	EUR

Aufgabe

1. Buchen Sie die nachfolgenden Geschäftsfälle.

a)

Ein Kunde kauft einen Kart (eigene Erzeugnisse) für 3.000,00 € und einen Rennhelm (Handelswaren) für 90,00 € auf Rechnung.		Soll	Haben

b)

Verkauf eines Kartanhängers (Handelsware) für 1.200,00 €. Der Kunde zahlt 200,00 € in bar an. Der noch offene Betrag wird überwiesen.		Soll	Haben

c)

Einkauf von Rohstoffen in Höhe von 6.000,00 € und Hilfsstoffen in Höhe von 900,00 € bei einem Großhändler auf Ziel.		Soll	Haben

d)

Auf der Messe wird ein Ausstellungsstück (Werkzeugmaschine) für 9.900,00 € gekauft. Die Anzahlung in bar beläuft sich auf 1.000,00 €.		Soll	Haben

5.2.3 Kontenabschluss

Am Ende eines Geschäftsjahres steht bei jedem buchführungspflichtigen Unternehmen

____

Um die Schlussbilanz aufstellen zu können, müssen die einzelnen Bestandskonten abgeschlossen und in das ______________________________ überführt werden.

Aus dem Schlussbilanzkonto wird die ____________________ erstellt, indem man das ungeordnete Schlussbilanzkonto entsprechend der Gliederungsvorschriften des HGB aufstellt.

Die Schlussbilanz des abgelaufenen Geschäftsjahres ist zugleich die ________________

____

 © Verlag Europa-Lehrmittel

Beispiel

Die wertmäßig größere Summe wird ermittelt und auf der betreffenden Seite eingetragen. Entsprechend dem Grundsatz Summe Soll = Summe Haben wird die Kontosumme auf der Gegenseite übernommen.

Der Saldo wird abschließend als Endbestand des Kontos in das Schlussbilanzkonto übertragen.

S	Kasse		H
AB	12.000,00	b) Handelswaren	5.000,00
a) Maschinen	3.000,00	d) BGA	800,00
c) Bank	5.000,00	______	______
	______		______

S	Schlussbilanzkonto		H
______	______		

Abschlussbuchungssatz

Soll	**EUR**		**Haben**	**EUR**

Lernsituation 9

Sie sind Mitarbeiter in der Finanzbuchhaltung im Elektrofachmarkt Flusso GmbH. Die Geschäftsführung benötigt für Kreditverhandlungen mit der Hausbank dringendst einen Zwischenabschluss.

→ Handlungsauftrag

Bereiten Sie die notwendigen Unterlagen auf Basis der vorhandenen Daten auf. Erstellen Sie das Hauptbuch (T-Konten) in Zusammenarbeit mit dem Fach Informationsverarbeitung in Excel.

a)

Die Flusso GmbH kauft Handelswaren im Wert von 8.600,00 € auf Ziel.		**Soll**	**Haben**

b)

Ein Kunde begleicht eine offene Rechnung in Höhe von 3.100,00 € per Banküberweisung.		**Soll**	**Haben**

© Verlag Europa-Lehrmittel

c)

Das Unternehmen erwirbt eine neue Verkaufstheke, Kostenpunkt 11.200,00 €. Es wird eine Baranzahlung von 1.000,00 € geleistet.		**Soll**	**Haben**

d)

Verkauf von Handelswaren in Höhe von 5.200,00 €. Begleichung der Forderung per Girocard.		**Soll**	**Haben**

e)

Die Flusso GmbH begleicht eine noch offene Lieferanten-rechnung per Banküber-weisung, 9.000,00 €.		**Soll**	**Haben**

f)

Ein Mitarbeiter hebt 500,00 € Wechselgeld von der Bank ab.		**Soll**	**Haben**

 © Verlag Europa-Lehrmittel

5.3 Erfolgskonten

Unternehmen werden mit der Absicht gegründet, Gewinne zu erzielen.
Ein Überschuss lässt sich nur dann verzeichnen, wenn Dienstleistungen, Waren, eigene Erzeugnisse usw. mit einem Gewinnaufschlag verkauft werden.
Bisher wurden Kostenblöcke wie z. B. Strom, Miete und Zinsen aus didaktischen Gründen ausgeblendet, die jedoch zwangsläufig in jedem Unternehmen anfallen.

Aufwendungen und Erträge üben direkten Einfluss auf ______________________ aus.

Man bezeichnet sie deshalb als ____________________ .

Da die Übersichtlichkeit verloren geht, wenn alle Aufwendungen und Erträge in das Konto Eigenkapital gebucht werden, sind diese gesondert in Unterkonten zu erfassen.
Dies ermöglicht dem Unternehmer die Kostenentwicklung des Unternehmens besser zu analysieren und wenn notwendig, schnell und gezielt Gegenmaßnahmen einzuleiten.

1. Schritt

Die Aufwendungen und Erträge werden in T-Konten abgebildet.

Aufwendungen sind z. B.

S H S H S H

Aufwendungen weisen keinen Anfangsbestand aus. Die Buchung erfolgt erst nach Verbrauch.

Die Mehrung wird auf der ______________________ eingetragen.

Erträge sind z. B.

S H S H S H

Auch Erträge weisen keinen Anfangsbestand aus. Die Buchung erfolgt nach Entstehung des Ertrags.
Die Mehrung wird auf der ______________________ gebucht.

Aufgabe

1. Buchen Sie die folgenden Geschäftsfälle der Goggi Kartfun GmbH und tragen diese in die Konten ein.

a)

Für eine Werbeanzeige werden 250,00 € überwiesen.		**Soll**	**Haben**

b)

Barauszahlung der Aushilfslöhne in Höhe von 900,00 €.		**Soll**	**Haben**

c)

Die Bank schreibt auf dem Konto Zinsen in Höhe von 220,00 € gut.		**Soll**	**Haben**

 © Verlag Europa-Lehrmittel

d)

Für die Vermittlung eines Auftrags erhält das Unternehmen 1.000,00 € Provision in bar.		Soll	Haben

e)

Der Mietzins von 3.000,00 € für eine Lagerhalle wird dem Konto gutgeschrieben.		Soll	Haben

f)

Per Dauerauftrag wird die Miete für einen Bürocontainer in Höhe von 500,00 € vom Konto abgebucht.		Soll	Haben

S	Bank		H
AB	69.000,00		

S	Kasse		H
AB	5.600,00		

S	Werbung		H

S	Mietertrag		H

S	Mietaufwand		H

S	Zinsertrag		H

S	Aushilfslöhne		H

S	Provisionsertrag		H

© Verlag Europa-Lehrmittel

2. Schritt

Die Erfolgskonten werden in ein Zwischenkonto bzw. in das ________________

abgeschlossen. Anschließend wird das GuV-Konto in das Konto ________________

überführt.

Aufwendungen ___ Erträge = ________________

Aufwendungen ___ Erträge = ________________

Aufwandskonten

S	Werbung		H
a) Bank	250,00		

S	Mietaufwand		H
f) Bank	500,00		

S	Aushilfslöhne		H
b) Kasse	900,00		

Ertragskonten

S	Mietertrag		H
		e) Bank	3.000,00

S	Zinsertrag		H
		c) Bank	220,00

S	Provisionsertrag		H
		d) Kasse	1.000,00

S	GuV		H

3. Schritt

Das Eigenkapitalkonto wird in das Schlussbilanzkonto abgeschlossen.

S	Eigentkapital		H
		AB	326.000,00

Im Beispiel wurde ein ________________________________ erzielt.

© Verlag Europa-Lehrmittel

Lernsituation 10

Sie sind während eines Betriebspraktikums beim Lebensmittelgroßhändler Cheap Jack OHG in der Buchhaltung beschäftigt.
Wegen einer Systemumstellung ist diese Abteilung gezwungen, zwischenzeitlich auf manuelle Bearbeitung der Geschäftsfälle umzusteigen.
Zur besseren Steuerung seines Unternehmens lässt sich Herr Daniels die Geschäftszahlen im Zwei-Wochen-Rhythmus vorlegen.

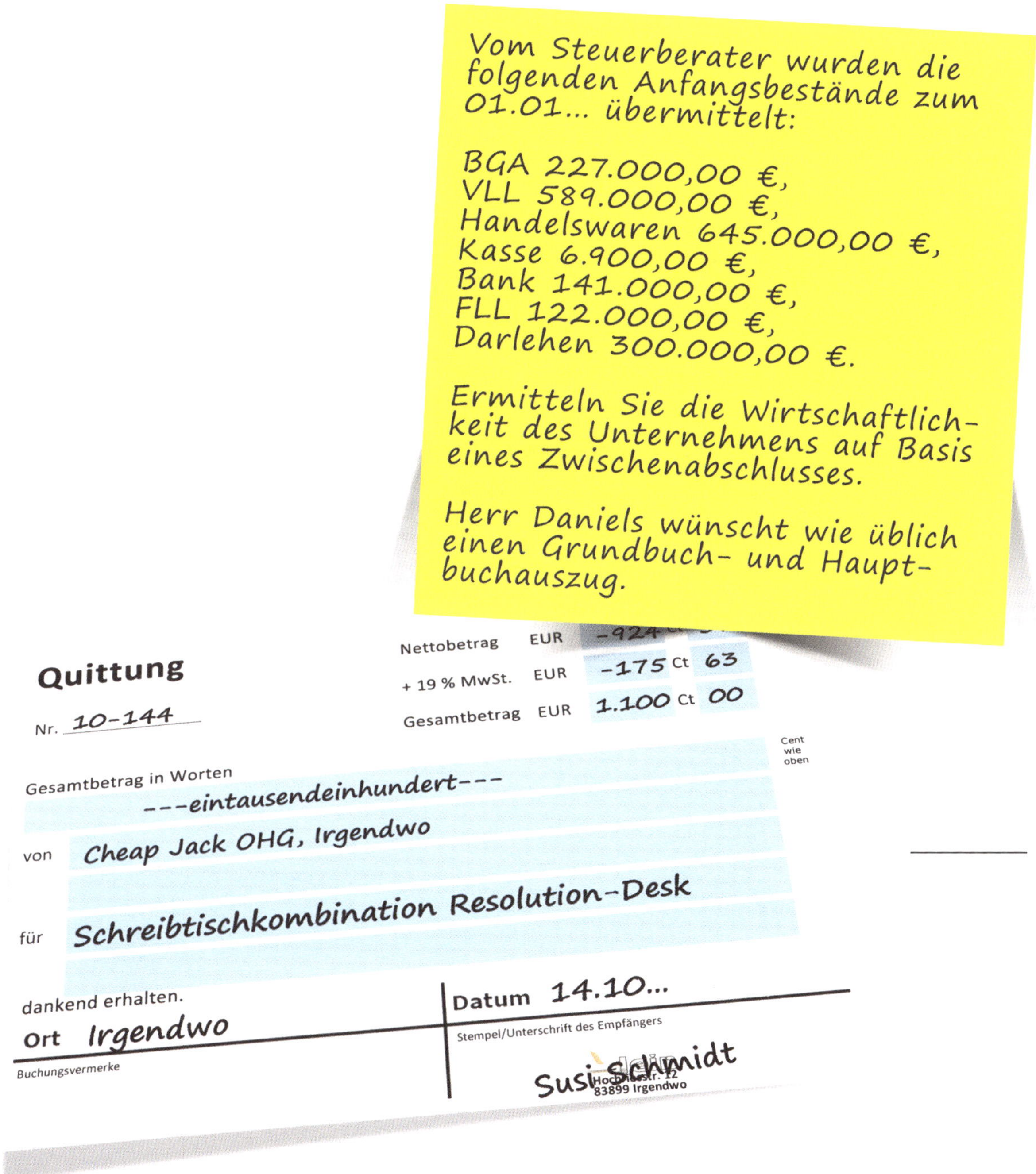

Watch TV

Verlag A & A GmbH, Maximilianstr. 8, 83899 Irgendwo

Cheap Jack OHG
Felsenstr. 11
83899 Irgendwo

Ansprechpartner	Alkmene Achilles
Telefon	+49 8521 9771-0
Telefax	+49 8521 9771-3
E-Mail	info@watch-tv.de
Kundennummer	411

Rechnung

Rechnungsdatum	14.10...
Rechnungsnummer	..-010-7699

Sehr geehrte Damen und sehr geehrte Herren,

wir erlauben uns Ihnen nachfolgende Position in Rechnung zu stellen.

Pos.	Beschreibung	Schaltungen	Einzelpreis	Gesamtpreis
1	Watch-TV Inselanzeige über Bund (208 x 124 mm), KW 40/.. und KW 41/.., inklusive Schaltung in Watch-TV Online	2	1.470,59 €	2.941,18 €
				- €
				- €
				- €
			Nettobetrag	2.941,18 €
			19 % MwSt.	558,82 €
			Bruttobetrag	3.500,00 €

Bitte begleichen Sie den offenen Rechn... gsbetrag innerhalb von 30 Tagen rein netto.

ZAHLUNG
14.10... A. Achilles
DANKEND ERHALTEN

...ndwo
... 0 0008 3211 99

Handelsregister
HRB 6640
beim Amtsgericht Irgendwo
USt.-IdNr. DE 128 21 9910
Steuer-Nr. 114/651/1109

Money-Bank AG
Service-Center Irgendwo
Hauptstr. 1
83899 Irgendwo

Cheap Jack OHG
Felsenstr. 11
83899 Irgendwo

Kontoauszug vom 12.10... bis 13.10...

Auszug	Seite	Filialnummer	IBAN	BIC	Alter Saldo in EUR
87	1	210-4	DE13 7112 2211 0007 8526 01	COEMDE1EXXX	54.410,00 H

Buchung	Wert	Vorgang	Soll	Haben
12.10.	12.10.	Bigophone AG Callcenter_Cheap_Jack Re. Nr. 09-774 vom 30.09...	6.200,00	
12.10.	12.10.	A - Z Leasing Flotte 455/774-44 Re. Nr. 09/777-4	3.200,00	
13.10.	13.10.	Shopping-TV Irgendwo Miete Monat September ..	14.000,00	
13.10.	13.10.	Money-Bank Zinsgutschrift III/.. Anlage 44-K5544-550		2.000,00

Neuer Saldo in EUR 33.010,00 H

Quittung

Nr. 10-84

Nettobetrag	EUR	-672	Ct 27
+ 19 % MwSt.	EUR	-127	Ct 73
Gesamtbetrag	EUR	-800	Ct 00

Gesamtbetrag in Worten ---achthundert--- Cent wie oben

von Tiefkühlware Eagle AG, Düsseldorf

für Provisionszahlung III/..

lt. vertraglicher Vereinbarung

dankend erhalten.

Ort Irgendwo

Datum 11.10...

Buchungsvermerke

Stempel/Unterschrift des Empfängers

Jacob Daniels

CHEAP JACK

Stoixi Lebensmittelcenter AG
Bayerstr. 8
40213 Düsseldorf

Ansprechpartner: Jakob Daniels
Telefon: +49 8521 4511-10
Telefax: +49 8521 4511-11
E-Mail: info@cheap-jack.de

Kundennummer: 544
Lieferscheinnummer: ..-10-111

Rechnung
Rechnungsdatum: 10.10...
Rechnungsnummer: ..-010-111

Sehr geehrte Damen, sehr geehrte Herren,

wir erlauben uns Ihnen nachfolgende Positionen zu berechnen.

Pos.	Beschreibung	Stück	Einzelpreis	Gesamtpreis
1	Weißer Trüffel (50 g)	10	147,00 €	1.470,00 €
2	Kaviar Beluga (150 g)	11	196,00 €	2.156,00 €
3	King Prawns Nordic Sea (200 g)	40	14,50 €	580,00 €
4	Canadian Lachs (500 g)	1	93,07 €	93,07 €
			Nettobetrag	4.299,07 €
			7 % MwSt.	300,93 €
			Bruttobetrag	4.600,00 €

Bitte begleichen Sie den offenen Rechnungsbetrag innerhalb von 30 Tagen rein netto.

Vielen Dank für Ihren Auftrag!

E-Mail
info@cheap-jack.de
Internet
www.cheap-jack.de
Geschäftsleitung
Jacob Daniels

Bankverbindung
Bankhaus Muck, Irgendwo
IBAN DE13 7119 1000 0008 1231 10
BIC COVIDE1KXXX

Bankverbindung
Money-Bank, Irgendwo
IBAN DE13 7112 2211 0007 8526 01
BIC COEMDE1EXXX

Handelsregister
HRA 9115
beim Amtsgericht Irgendwo
USt.-IdNr. DE 128 21 1001
Steuer-Nr. 114/254/1544

© Verlag Europa-Lehrmittel

→ Handlungsauftrag

Führen Sie die entsprechenden Arbeiten in Grund- und Hauptbuch durch.
Erstellen Sie in Zusammenarbeit mit dem Fach Informationsverarbeitung das Hauptbuch in Excel.
(Hinweis: Die Umsatzsteuer bleibt vorerst noch unberücksichtigt, deshalb bitte Augenmerk auf die Bruttobeträge.)

a)

		Soll	Haben

b)

		Soll	Haben

c)

		Soll	Haben

d)

		Soll	Haben

e)

		Soll	Haben

f)

		Soll	Haben

 © Verlag Europa-Lehrmittel

g)

		Soll	Haben

h)

		Soll	Haben

6 Organisation der Buchhaltung

Die Grundlage jeder Buchhaltung sind die ____________________.

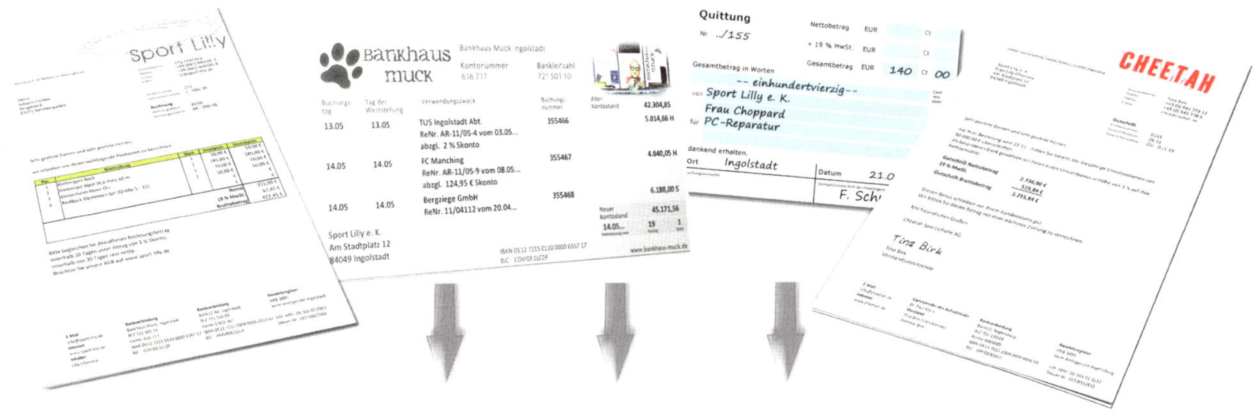

____

Lfd. Nr.	Buchungs-art	Datum	Soll	Haben	Beleg-nummer	Text	B/N/F	Betrag

____

S	H	S	H	S	H	S	H	S	H

Der ____________________ bietet eine übersichtliche Darstellung der wichtigsten Konten des Unternehmens. Je nach Branche und Eigenart des Unternehmens können die Kontenpläne voneinander abweichen.

Aufgabe

1. Buchen Sie die folgenden Geschäftsfälle unter Angabe der Kontennummern.

a)

				Soll	Haben
Die heutige Tageslosung in Höhe von 800,00 € wird auf das Bankkonto eingezahlt.					

b)

				Soll	Haben
Kauf eines Firmenfahrzeugs im Wert von 42.000,00 € auf Ziel.					

c)

				Soll	Haben
Verkauf der gebrauchten Büroausstattung: 6.500,00 €. Hierfür wird eine Anzahlung in Höhe von 1.000,00 € in bar geleistet.					

d)

				Soll	Haben
Die Telefonrechnung für diesen Monat über 598,00 € wird vereinbarungsgemäß abgebucht.					

e)

				Soll	Haben
Zahlung der Kraftfahrzeugsteuer per SEPA-Firmenlastschrifteneinzug in Höhe von 1.050,00 €.					

f)

				Soll	Haben
Barkauf von Fachliteratur, Betrag 129,00 €					

 © Verlag Europa-Lehrmittel

7 Wareneinkauf und Warenverkauf

7.1 Warenkonten im Wareneinkauf und Warenverkauf

____

= Bestandskonto

In der Inventur wird der Endbestand des Geschäftsjahres ermittelt und in das ____________________ überführt.

Bestandsveränderungen (Saldo) werden über das Konto ____________________ ____________________ abgeglichen

Aufwandskonto 6080 Aufwand für Handelswaren = ____________________

Alle Einkäufe werden über dieses Konto gebucht.

Ertragskonto 5100 Umsatzerlöse für Handelswaren = ____________________

Alle Verkäufe werden über dieses Konto gebucht.

Aufgabe

1. Laut Inventur beträgt der Bestand an Handelswaren 180.000,00 €.
   a) Schließen Sie die Konten ab.
   b) Geben Sie die entsprechenden Buchungssätze mit an.
   c) Erklären Sie die Entwicklung des Lagerbestandes.
   d) Ermitteln Sie das vorläufige Betriebsergebnis.

© Verlag Europa-Lehrmittel

(Hinweis: Zur besseren Übersichtlichkeit bietet es sich an mit unterschiedlichen Farben zu arbeiten.)

S	2280 Handelswaren		H
AB	210.000,00		

S	6080 Aufwand für HW		H
Σ HW-Eink.	420.000,00		

S	5100 Umsatzerlöse für HW		H
		Σ HW-Eink.	690.000,00

S	8020 GuV		H

b)

Soll	EUR		Haben	EUR

c)

d)

 © Verlag Europa-Lehrmittel

Lernsituation 11

Sie absolvieren beim Antiquitätenhändler Flo Markt e. K. ein Praktikum.
Herr Markt spielt mit dem Gedanken den Nachbarsladen anzumieten, um seine bestehenden Geschäftsräume zu erweitern. Die Umbauarbeiten schätzt er auf circa 200.000,00 €. Dieses Vorhaben kann er nur mit einem Kredit bei seiner Hausbank realisieren. Wohl wissend, dass er für ein Gespräch mit seinem Kundenberater vor allem mögliche Sicherheiten vorweisen und die Ertragskraft seines Unternehmens darstellen muss, bittet er Sie, ihm zu helfen.

→ Handlungsauftrag

Ihre Aufgabe ist es nun, etwas Struktur in sein Büro zu bringen. Herr Markt sammelte bislang sämtliche Belege in einer alten Schuhschachtel.
Erstellen Sie die GuV des Unternehmens und ermitteln Sie die Umsatzrentabilität.
Folgende Schriftstücke und Belege liegen Ihnen vor.

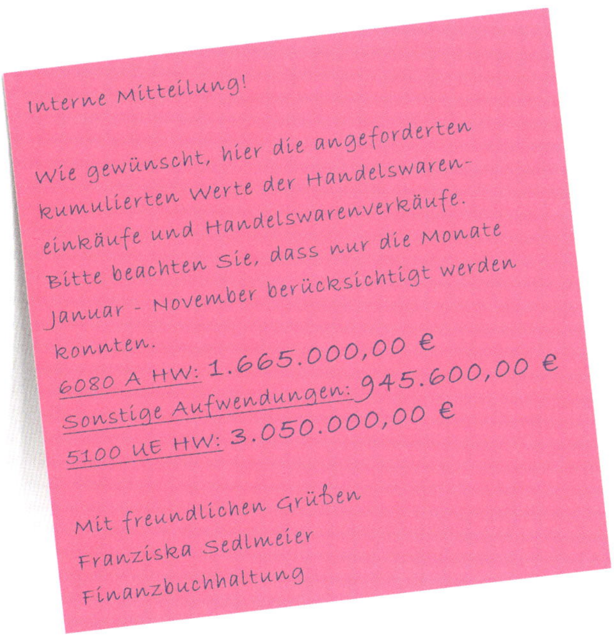

Interne Mitteilung!

Wie gewünscht, hier die angeforderten kumulierten Werte der Handelswareneinkäufe und Handelswarenverkäufe.
Bitte beachten Sie, dass nur die Monate Januar - November berücksichtigt werden konnten.

6080 A HW: 1.665.000,00 €
Sonstige Aufwendungen: 945.600,00 €
5100 UE HW: 3.050.000,00 €

Mit freundlichen Grüßen
Franziska Sedlmeier
Finanzbuchhaltung

Guten Morgen Herr Markt,

wie besprochen wurde gestern die Inventur der Handelswaren durchgeführt.

Der Bestand an Handelswaren beläuft sich auf 305.000,00 €.

Mit freundlichen Grüßen

Fritz Meier

RE: Zahlen Eröffnungsbilanz
VON: c.stuber@steuerkanzlei-stuber.de
AN: info@flo-markt.de
gesendet 02.12... 11:25 Uhr

Sehr geehrter Herr Markt,

vorab für Sie, wie telefonisch vereinbart, die gewünschten Zahlen auf Basis der Inventur zum 01.01... in knapper Form:
- Fuhrpark 62.000,00 €,
- Büromaschinen (PC, Drucker usw.) 8.000,00 €,
- VLL 196.000,00 €,
- Handelswaren 289.000,00 €,
- Büro- und Geschäftsausstattung 85.000,00 €,
- Kontostand zum 01.01...: 35.600,00 €,
- offene Forderungen gegenüber Kunden: 55.200,00 €
- Kassenbestand: 4.200,00 €,
- bestehendes Darlehen: Höhe zum 01.01... 200.000,00 €.

Berechnen Sie bitte die Kennzahl Umsatzrentabilität mit folgender Formel:

$$\text{Umsatzrentabilität} = \frac{\text{Gewinn}}{\text{Umsatz}} \cdot 100$$

(Für Sie als Hinweis: Erfolgreiche Unternehmen Ihrer Branche erreichen mindestens 10 %.)

In gespannter Erwartung über den Ausgang des Termins
verbleibe ich mit besten Grüßen,

C. Stuber

Nachfolgende Belege sind im Dezember eingegangen.
(Hinweis: Die Umsatzsteuer bleibt vorerst noch unberücksichtigt. Bitte buchen Sie die Bruttowerte.)

Quittung

Nr. ..12-03

Nettobetrag	EUR		Ct	
+ 19 % MwSt.	EUR		Ct	
Gesamtbetrag	EUR	--140	Ct	00

Gesamtbetrag in Worten
--einhundertvierzig-- Cent wie oben

von Flo Markt GmbH

für Aushilfslohn (10 Std. à 14,00 €)

dankend erhalten.

Ort Bad Tölz Datum 04.12...

Buchungsvermerke

Stempel/Unterschrift des Empfängers
Elli Schmidt

© Verlag Europa-Lehrmittel

Bankhaus Money

Bankhaus Money Privat- und Geschäftskunden AG
Investment & Finanz-Center Bad Tölz
Stadtplatz 87
83646 Bad Tölz
Serviceteam
Telefon +49 8041 11711-0
24h-Kundenservice 0180 100106

1254422/6563222202/6546-22.12/0.90 €

Firma
Antiquitäten Flo Markt GmbH
Am Stadtwall 17
83646 Bad Tölz

Kontoauszug vom 15.12... - 20.12...
Kontoinhaber: Antiquitäten Flo Markt GmbH

Auszug	Seite	Filialnummer	IBAN	BIC	Alter Saldo
56	1	155-88	DE71 7003 0207 0001 2345 67	BADTDE1SXXX	28.560,00 H

Buchung	Wert	Vorgang	Soll	Haben
15.12...	15.12...	Bigophone Telekommunikation Re. Nr. 11/445 Abrechnung 01.12... - 15.12...	320,00	
15.12...	15.12...	Dauerauftrag für Mietzins Monat Dezember .., Objekt Stadtwall 17, Bad Tölz	3.500,00	
16.12...	16.12...	Antiquitäten Großhandel Wertvoll Re. Nr. 12/7220 vom 26.11....	12.480,00	
20.12...	20.12...	Dr. Theodor Altmann Re. Nr. ..12-48 vom 12.12....		7.735,00

BIC (SWIFT) BADTDE1SXXX IBAN DE71 7003 0207 0001 2345 67

Neuer Saldo 19.995,00 H

83646 Bad Tö...

Telefon +49 8041 2241-0
Telefax +49 8041 2241-13
E-Mail info@flo-markt.de

USt.-IdNr. DE 124 06 7319
Steuer-Nr. 103/321/4562

Bankhaus Money, Bad Tölz
IBAN DE71 7003 0207 0001 2345 67
BIC BADTDE1SXXX

Empfänger
Rosemarie Szaborak
Rosenweg 88
85630 Neukeferloh

Rechnungsdatum 20.12...
Lieferdatum 20.12...
Rechnungsnummer ..12-54

Anzahl	Artikel	Einzelpreis €	Ct	Gesamtpreis €	Ct
2	Empire-Stuhl in Mahagoni, um 1800	950	00	1.900	00
1	Louis-Seize Ausziehtisch, um 1750	2.200	00	2.200	00
1	Louis-Phillipe Armlehnsessel, um 1860	1.400	00	1.400	00
	Rechnungssumme netto			5.500	00
	+ 19 % MwSt.			1.045	00
	Rechnungssumme brutto			6.545	00

Bezahlt am
20.12...
F. Markt

Antiquitäten Flo Markt GmbH
Am Stadtwall 17
83646 Bad Tölz

Antiquitäten Flo Markt GmbH, Am Stadtwall 17, 83646 Bad Tölz

Herrn
Dr. Theodor Altmann
Tal 19
83646 Bad Tölz

Ansprechpartner	Flo Markt
Telefon	+49 8041 2241-0
Telefax	+49 8041 2241-13
E-Mail	info@flo-markt.de

Kundennummer	154
Lieferscheinnummer	..-012-48

Rechnung

Rechnungsdatum	12.12...
Rechnungsnummer	..-012-48

Sehr geehrte Damen und sehr geehrte Herren,

wir erlauben uns Ihnen nachfolgende Positionen zu berechnen.

Pos.	Beschreibung	Stück	Einzelpreis	Gesamtpreis
1	Vertico Jugendstil restauriert	1	700,00 €	700,00 €
2	Truhe von 1840 restauriert	1	800,00 €	800,00 €
3	Teppichläufer ISAFHAN (Iran)	1	5.000,00 €	5.000,00 €
			- €	- €
			- €	- €
			- €	- €
			- €	- €
			- €	- €
			Nettobetrag	6.500,00 €
			19 % MwSt.	1.235,00 €
			Bruttobetrag	7.735,00 €

Bitte begleichen Sie den offenen Rechnungsbetrag innerhalb von 10 Tagen rein netto.

E-Mail
info@flo-markt.de
Internet
www.flo-markt.de
Geschäftsführer
Florian Markt

Bankverbindung
Bankhaus Money, Bad Tölz
IBAN DE71 7003 0207 0001 2345 67
BIC BADTDE1SXXX

Handelsregister
HRB 2544
beim Amtsgericht Bad Tölz
USt.-IdNr. DE 124 06 7319
Steuer-Nr. 103/321/4562

© Verlag Europa-Lehrmittel

Antiquitäten Filser

Antiquitäten Filser GmbH, Waldweg 3, 83727 Schliersee

Antiquitäten Flo Markt GmbH
Am Stadtwall 17
83646 Bad Tölz

Ansprechpartner	Maximilian Filser
Telefon	+49 8026 123-0
Telefax	+49 8026 123-1
E-Mail	mf@antiquitaeten-filser.de
Kundennummer	019
Lieferscheinnummer	L..-012-6

Rechnung

Rechnungsdatum	09.12...
Rechnungsnummer	AR..-012-6

Sehr geehrte Damen und sehr geehrte Herren,

wir erlauben uns Ihnen nachfolgende Positionen zu berechnen.

Pos.	Beschreibung	Stück	Einzelpreis	Gesamtpreis
1	Sekretär Jugendstil Eiche	1	2.000,00 €	2.000,00 €
2	Stuhl Barock (bordeaux/gold)	4	400,00 €	1.600,00 €
			- €	- €
			- €	- €
			- €	- €
			- €	- €
			- €	- €
			- €	- €
			Nettobetrag	3.600,00 €
			19 % MwSt.	684,00 €
			Bruttobetrag	4.284,00 €

Bitte begleichen Sie den offenen Rechnungsbetrag innerhalb von 30 Tagen rein netto.

E-Mail
mf@antiquitaeten-filser.de
Internet
www.antiquitaeten-filser.de
Geschäftsführer
Maximilian Filser

Bankverbindung
Bankhaus Money, Schliersee
IBAN DE13 7093 3112 0005 414 027
BIC BADTDE1EDSX

Handelsregister
HRB 4711
beim Amtsgericht Bad Tölz
USt.-IdNr. DE 127 08 3283
Steuer-Nr. 102/122/6541

7.2 Umsatzsteuer

Rechnungen weisen, bis auf wenige Ausnahmen, einen Nettobetrag und einen um die Mehrwertsteuer erhöhten Bruttobetrag aus.

Für den Unternehmer ist die Mehrwertsteuer unerheblich, sie stellt lediglich einen ______________________ dar. Die Erfolgskonten werden davon nicht beeinflusst.

Die Mehrwertsteuer ist letztendlich vom __________________________ zu tragen.

Im Rahmen der Finanzbuchhaltung ist zwischen dem _________________________ _____________________ zu unterscheiden.

Wirkung der Umsatzsteuer

Aktivkonto	Passivkonto
____________________	____________________
____________________	____________________
____________________	____________________

Vorsteuer im Einkaufsbereich

Beispiel

Sport Lilly e. K. erhält mit der heutigen Lieferung eine Eingangsrechnung der Xonx AG.

Sport Lilly e. K.
Am Stadtplatz 12
84049 Ingolstadt

E-Mail info@xonx-ag.com

Kundennummer 544
Lieferscheinnummer L..-012-105

Rechnung
Rechnungsdatum 10.12...
Rechnungsnummer AR..-012-105

Sehr geehrte Damen und sehr geehrte Herren,

wir erlauben uns Ihnen nachfolgende Positionen zu berechnen.

Pos.	Beschreibung	Stück	Einzelpreis	Gesamtpreis
1	Luchs Speed Juniorset (9 - 11 Jahre)	3	100,00 €	300,00 €
2	Tini Junior Komplettset (Links) (6 - 8 Jahre)	2	150,00 €	300,00 €
			- €	- €
			- €	- €
			- €	- €
			- €	- €
			- €	- €
			- €	- €
			Nettobetrag	600,00 €
			19 % MwSt.	114,00 €
			Bruttobetrag	714,00 €

 © Verlag Europa-Lehrmittel

Der Buchungssatz lautet ...

			Soll	**Haben**

... und somit gestaltet sich die Buchung im Hauptbuch wie folgt:

S	6080 A HW		H

S	2600 Vorsteuer		H

S	4400 VLL		H
		AB	...

Umsatzsteuer im Verkaufsbereich

Sport Lilly e. K. übergibt die neue Jugendkollektion der Golfschläger inklusive Ausgangsrechnung an den Golfclub Steigsee e. V.

...datum 16.12...
Rechnungsnummer AR..-012-64

Sehr geehrter Herr Stern,

wir erlauben uns Ihnen nachfolgende Positionen zu berechnen.

Pos.	Beschreibung	Stück	Einzelpreis	Gesamtpreis
1	Luchs Speed Juniorset (9 - 11 Jahre)	3	200,00 €	600,00 €
2	Tini Junior Komplettset (Linkshänder) (6 - 8 Jahre)	2	250,00 €	500,00 €
			- €	- €
			- €	- €
			- €	- €
			- €	- €
			- €	- €
			- €	- €
			Nettobetrag	1.100,00 €
			19 % MwSt.	209,00 €
			Bruttobetrag	1.309,00 €

Bitte begleichen Sie den offenen Rechnungsbetrag innerhalb von 30 Tagen rein netto.

E-Mail
info@sport-lilly.de
Internet
www.sport-lilly.de
Inhaberin
Lilly Chorrera

Bankverbindung
Bankhaus Muck, Ingolstadt
IBAN DE12 7215 0110 0000 6167 17
BIC COVIDE1LCDF

Bankverbindung
Bank12 AG, Ingolstadt
IBAN DE12 7215 0209 0005 0123 67
BIC AMERDE1JLLA

Handelsregister
HRB 1005
beim Amtsgericht Ingolstadt
USt.-IdNr. DE 105 01 0303
Steuer-Nr. 102/560/7001

Der Buchungssatz lautet ...

			Soll	Haben

... und somit gestaltet sich die Buchung im Hauptbuch wie folgt:

S — 2400 FLL — H

AB	...		

S — 5100 UE HW — H

S — 4800 USt — H

Aufgabe

1. Berechnen Sie die erforderlichen Beträge und buchen Sie die Geschäftsfälle der Goggi Kartfun GmbH.

a)

Das Unternehmen sendet einem Kunden einen Rennanzug zu einem Nettopreis von 200,00 € zu.				Soll	Haben

b)

Ein Fachbuch für die Lohn- und Finanzbuchhaltung wird bar bezahlt. Der Rechnungsbetrag netto beträgt 30,00 €.				Soll	Haben

 © Verlag Europa-Lehrmittel

c)

Einkauf von Rennhandschuhen auf Ziel. Die Umsatzsteuer beläuft sich auf 60,80 €.				Soll	Haben

d)

Im Rahmen der Quartalsabrechnung der Bank werden 45,70 € Kontoführungsgebühren abgebucht.				Soll	Haben

e)

Eine Rechnung über 320,00 € brutto für die monatliche Kfz-Leasinggebühr geht heute per Post zu.				Soll	Haben

f)

Die Kraftfahrzeugsteuer in Höhe von 420,00 € wird per Bank überwiesen.				Soll	Haben

g)

Briefmarken für 62,00 € werden bar bezahlt.				Soll	Haben

h)

Es liegt eine Ausgangsrechnung für zwei Karts (eigene Erzeugnisse) vor. Der Steueranteil beträgt 950,00 €.				Soll	Haben

© Verlag Europa-Lehrmittel

Umsatzsteuer-Voranmeldung/Umsatzsteuer-Vorauszahlung

Bis zum 10. des Folgemonats muss jedes Unternehmen, das im Vorjahr eine Zahllast von mehr als 7.500,00 € erzielt hat eine monatliche ______________________________ an das Finanzamt in digitaler Form übermitteln.

Zwei Konstellationen sind dabei denkbar:

Verrechnung der Umsatzsteuer

Zahllast	Vorsteuerüberhang
Σ Umsatzsteuer	**Σ Vorsteuer**
–	–
Σ Vorsteuer	**Σ Umsatzsteuer**
______________________	______________________________

Beispiel

Sport Lilly e. K. schreibt im Monat Oktober .. folgende Beträge:
Umsatzsteueranteil 60.800,00 €
Vorsteueranteil 45.600,00 €

Daraus ergibt sich ____ .

Die ______________________________________ sowie die sich daraus ergebende ____________________ müssen bis zum __________________ an das Finanzamt übermittelt und überwiesen werden.

Buchungssatz:

Soll		**EUR**		**Haben**		**EUR**

Im Monat November .. füllte das Unternehmen die Lager für das Weihnachtsgeschäft.
Werte zum 30. November ..:

Umsatzsteueranteil 69.350,00 €
Vorsteueranteil 72.200,00 €

Daraus ergibt sich ____ .

Die ____________________________________ sowie die sich daraus ergebende ________________ müssen bis zum __________________ an das Finanzamt übermittelt werden. Zum 31.12... werden diese passiviert.

© Verlag Europa-Lehrmittel

Nach Ausgleich der Forderung vom Finanzamt bzw. nach Gutschrift vom Finanzamt ergibt sich folgender Buchungssatz:

Soll		**EUR**		**Haben**		**EUR**

Aufgabe

1. Jahresabschluss zum 31.12...

   a) Schließen Sie die Konten ab und passivieren Sie die Zahllast.

S	2600 VSt		H
Σ Jan–Sept	364.500,00		
Σ Okt	45.600,00		
Σ Nov	72.200,00		
Σ Dez	51.300,00		

S	4800 USt		H
		Σ Jan–Sept	541.100,00
		Σ Okt	60.800,00
		Σ Nov	69.350,00
		Σ Dez	74.600,00

S	4809 USt-Vorauszahlung		H
Σ Jan–Sept	176.600,00	Σ Nov	2.850,00
Σ Okt	15.200,00		

S	8010 SBK		H
...	...	...	...

   b) Beschreiben Sie zusätzlich Ihr schrittweises Vorgehen und geben Sie die Abschlussbuchungssätze an.

1.	
2.	
3.	

Lernsituation 12

Parallel zu den Buchhaltungsprofis bei Sport Lilly e. K. übergibt Frau Chorerra Ihnen im Rahmen Ihres Praktikums am 03.02... den Auftrag, den Monatsabschluss zur betriebswirtschaftlichen Auswertung (BWA) für den Geschäftsmonat Januar .. durchzuführen.

Das Unternehmen Sport Lilly e. K. schreibt zum 01.01... folgende Bestände:
0810 Werkstätteneinrichtung 36.500,00 €, 4250 Darlehen 250.000,00 €, 4800 USt 20.100,00 €, 2800 Bank 31.500,00 €, 2880 Kasse 6.300,00 €, 3000 Eigenkapital 148.100,00 €, 4400 VLL 178.000,00 €, 2400 FLL 124.000,00 €, 2280 Handelswaren 354.000,00 €, 0860 Büromaschinen 9.900,00 € und 0870 BGA 34.000,00 €.

Lt. Monatsinventur beträgt der Lagerbestand an Handelswaren zum 31.01... 345.500,00 €.

→ Handlungsauftrag

Im Laufe der Geschäftsperiode ereigneten sich die durch nachstehende Belege dokumentierten Geschäftsfälle.
Erstellen Sie die erforderlichen Grundbucheinträge und schließen das Hauptbuch ab.
Geben Sie eine Einschätzung zur Wirtschaftlichkeit des Unternehmens ab.
Präsentieren Sie Ihre erarbeiteten Lösungen in Excel-Sheets und stellen Sie diese der Klasse vor.

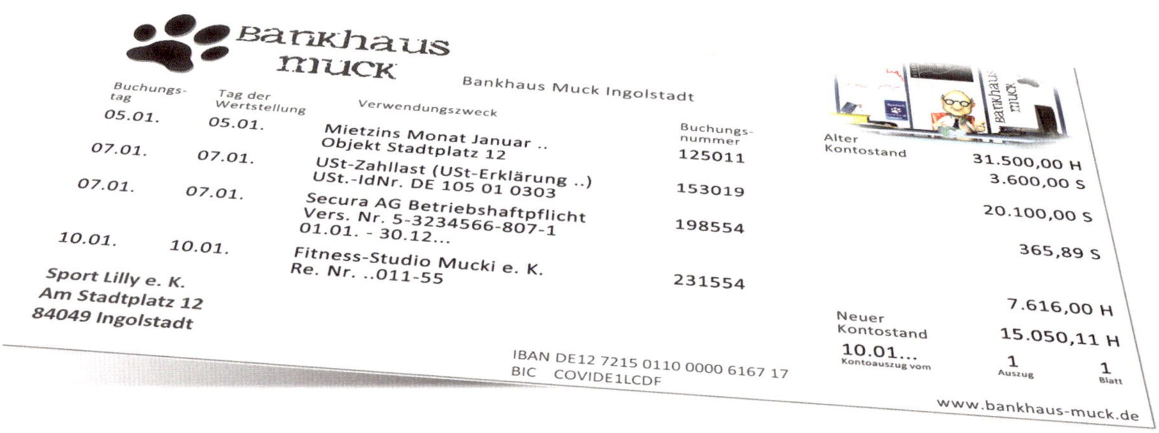
Bankhaus muck

Bankhaus Muck Ingolstadt

Buchungstag	Tag der Wertstellung	Verwendungszweck	Buchungsnummer	
			Alter Kontostand	31.500,00 H
05.01.	05.01.	Mietzins Monat Januar .. Objekt Stadtplatz 12	125011	3.600,00 S
07.01.	07.01.	USt-Zahllast (USt-Erklärung ..) USt.-IdNr. DE 105 01 0303	153019	20.100,00 S
07.01.	07.01.	Secura AG Betriebshaftpflicht Vers. Nr. 5-3234566-807-1 01.01. - 30.12...	198554	365,89 S
10.01.	10.01.	Fitness-Studio Mucki e. K. Re. Nr. ..011-55	231554	7.616,00 H
			Neuer Kontostand	15.050,11 H

Sport Lilly e. K.
Am Stadtplatz 12
84049 Ingolstadt

IBAN DE12 7215 0110 0000 6167 17
BIC COVIDE1LCDF

Kontoauszug vom 10.01... Auszug 1 Blatt 1

www.bankhaus-muck.de

 © Verlag Europa-Lehrmittel

Die Welt des Golfsports
Xonx

Xonx AG, Tivolistr. 12, 94227 Zwiesel

Sport Lilly e. K.
Am Stadtplatz 12
84049 Ingolstadt

Ansprechpartner	Simone Golf
Telefon	+49 9922 940105-7
Telefax	+49 9922 940105-8
E-Mail	info@xonx-ag.com
Kundennummer	544
Lieferscheinnummer	L..-001-64

Rechnung

Rechnungsdatum	18.01...
Rechnungsnummer	AR..-001-64

Sehr geehrte Damen und sehr geehrte Herren,

wir erlauben uns Ihnen nachfolgende Positionen zu berechnen.

Pos.	Beschreibung	Stück	Einzelpreis	Gesamtpreis
1	Xonx Titan Speed Driver	2	180,00 €	360,00 €
2	Xonx Fairwayholz 5.5	4	60,00 €	240,00 €
3	Modesta Putter Controll	4	50,00 €	200,00 €
			- €	- €
			- €	- €
			- €	- €
			- €	- €
			- €	- €
			Nettobetrag	800,00 €
			19 % MwSt.	152,00 €
			Bruttobetrag	952,00 €

Bitte begleichen Sie den offenen Rechnungsbetrag innerhalb von 30 Tagen rein netto.

E-Mail
info@xonx-ag.com
Internet
www.xonx-ag.com

Vorsitzender des Aufsichtsrats
Prof. Dr. Schwung
Vorstand
Simone Golf (Vorsitzende)
Ian Williams

Bankverbindung
Bank4u, Zwiesel
IBAN DE13 6379 0010 0006 3790 01
BIC ZWIEDE5JJKL

Handelsregister
HRB 9511
beim Amtsgericht Zwiesel
USt.-IdNr. DE 112 99 5588
Steuer-Nr. 117/005/3571

Sport Lilly

Sport Lilly

Sport Lilly e. K.
Inhaber Lilly Chorrera
Am Stadtplatz 12
84049 Ingolstadt

Telefon	+49 841 940105-7
Telefax	+49 841 940105-8
USt.-IdNr.	DE 105 01 0303
Steuer-Nr.	102/560/7001

28.01... 10:42

Beleg-Nr.: ../01/8557

Artikel	Preis
Luedi Inline Skates	149,60 A
Luedi Protector-Set	38,50 A
Yelmo Safety Schutzhelm	71,80 A
SUMME €	259,90

Typ	Netto	MwSt.	Brutto
A: 19 %	218,40 €	41,50 €	259,90 €

Gegeben	260,00 €
Rückgeld	0,10 €

Vielen Dank für Ihren Einkauf.

© Verlag Europa-Lehrmittel

Sport Lilly

Sport Lilly e. K., Am Stadtplatz 12, 84049 Ingolstadt

FC Manching e. V.
Herrn Manfred Meier
Feisengelder Str. 6
85077 Manching

Ansprechpartner	Lilly Chorrera
Telefon	+49 841 940105-7
Telefax	+49 841 940105-8
E-Mail	lc@sport-lilly.de
Kundennummer	016
Lieferscheinnummer	L..-001-35

Rechnung

Rechnungsdatum	27.01...
Rechnungsnummer	AR..-001-35

Sehr geehrter Herr Meier,

wir erlauben uns Ihnen nachfolgende Positionen zu berechnen.

Pos.	Beschreibung	Stück	Einzelpreis	Gesamtpreis
1	Albatros Trikotsatz pink/marine	20	50,00 €	1.000,00 €
2	Albatros Torwarttrikot	4	38,00 €	152,00 €
3	Albatros Stutzen	24	2,00 €	48,00 €
			- €	- €
			- €	- €
			Nettobetrag	1.200,00 €
			19 % MwSt.	228,00 €
			Bruttobetrag	1.428,00 €

Bitte begleichen Sie den offenen Rechnungsbetrag innerhalb von 30 Tagen rein netto.

E-Mail
info@sport-lilly.de
Internet
www.sport-lilly.de
Inhaberin
Lilly Chorrera

Bankverbindung
Bankhaus Muck, Ingolstadt
IBAN DE12 7215 0110 0000 6167 17
BIC COVIDE1LCDF

Bankverbindung
Bank12 AG, Ingolstadt
IBAN DE12 7215 0209 0005 0123 67
BIC AMERDE1JLLA

Handelsregister
HRA 1005
beim Amtsgericht Ingolstadt
USt.-IdNr. DE 105 01 0303
Steuer-Nr. 102/560/7001

Sport Lilly

Sport Lilly e. K.
Inhaber Lilly Chorrera
Am Stadtplatz 12
84049 Ingolstadt

Telefon	+49 841 940105-7
Telefax	+49 841 940105-8
USt.-IdNr.	DE 105 01 0303
Steuer-Nr.	102/560/7001

29.01... 10:42
Beleg-Nr.: ../01/8588

Artikel	P
BQ Rugby	12
BQ Skijacke Elegance	9
Vilis Snow Pro	8
Xonx Titan Speed Driver	3
Golfbälle Driving Ranch 6 St.	

SUMME € 2.357,70
girocard € 2.357,70

Terminal-ID: 521566325
TA-Nr 001001 BNr 007
Kartenzahlung
Lastschrift
2.357,70 €
Datum 29.01... 10:42
*** Karte akzeptiert ***

Typ	Netto	MwSt.	Brutto
A: 19 %	1.981,26 €	376,44 €	2.357,70 €

Vielen Dank für Ihren Einkauf.

GASOLINA STATION

Spriti Tankstellen GmbH
Winkelweg 12
84049 Ingolstadt

Tankstellen Nr. 001200110010
Telefon +49 841 12345 6
Telefax +49 841 12345 7

Beleg-Nr.: 1222/006/00019 23.01... 11:30
Steuer-Nr. Station 12/106/12345
Steuer-Nr. Gesellschaft DE123456789

000012 Diesel X-Power 88,14 € A
60,00 l 1,469 €/l

Gesamtbetrag 88,14 €

Gegeben 100,00 €
Rückgeld 11,86 €

Typ	Netto	MwSt.	Brutto
A: 19 %	74,07 €	14,07 €	88,14 €

Beantragen Sie noch heute Ihre
Gasolina-Treuekarte
und sichern Sie sich damit
wertvolle Prämien.

...nderweg 13, 83700 Rottach Egern

BQ International
Modedesign für Polo und Golf

Sport Lilly e. K.
Am Stadtplatz 12
84049 Ingolstadt

Ansprechpartner Brigitte Schön
Telefon +49 8022 940105-7
Telefax +49 8022 940105-8
E-Mail info@bq-polo.com

Kundennummer 0451
Lieferscheinnummer L..-001-694

Rechnung
Rechnungsdatum 18.01...
Rechnungsnummer AR..-001-694

Sehr geehrte Damen und sehr geehrte Herren,

wir erlauben uns Ihnen nachfolgende Positionen zu berechnen.

Pos.	Beschreibung	Stück	Einzelpreis	Gesamtpreis
1	BQ Polo, USA, XL, blue	15	40,00 €	600,00 €
2	BQ Challenge Tee, France, XL, orange	20	30,00 €	600,00 €
3	BQ Rugby, XXL, horizontal stripe, red-white	16	50,00 €	800,00 €
			- €	- €
			- €	- €
			- €	- €
			- €	- €
			- €	- €
			Nettobetrag	2.000,00 €
			19 % MwSt.	380,00 €
			Bruttobetrag	2.380,00 €

Bitte begleichen Sie den offenen Rechnungsbetrag innerhalb von 30 Tagen rein netto.

E-Mail
info@bq-polo.com
Internet
www.bq-polo.com
Geschäftsführung
Brigitte Schön

Bankverbindung
Bankhaus Money, Rottach Egern
IBAN DE13 7022 0177 0003 0721 05
BIC ROTEDE9RXXX

Handelsregister
HRB 1241
beim Amtsgericht Miesbach
USt.-IdNr. DE 110 84 1234
Steuer-Nr. 106/511/7741

Lernsituation 13

Sie sind in der Rayo de Sol AG als Praktikant beschäftigt.
Das Unternehmen ist im Bereich der erneuerbaren Energien ein Pionier. Um den strategisch wichtigen Markt in Deutschland zu gewinnen, eröffnete das Unternehmen in Straubing eine Niederlassung. Unterstützend begleitete die Unternehmensberatung Consulenza GmbH das Vorhaben von der ersten Stunde.

Im Rahmen der Kostenoptimierung wurde das Fuhrparkmanagement einer tiefergehenden Analyse unterzogen. Finanzierung oder Leasing – das ist hier die Frage.
Und um diese fundiert durchleuchten zu können, erhält die Buchhaltung den Auftrag, beide Alternativen, zumindest aus kaufmännischer Sicht aufzubereiten und der Controlling-Abteilung zur weiteren Bearbeitung zur Verfügung zu stellen.

→ Handlungsauftrag

Ihre Aufgabe ist es nun, die Szenarien durchzuspielen bzw. das Zahlenmaterial buchhalterisch aufzubereiten. Hierzu liegen Ihnen zwei Angebote vor. Skizzieren Sie zwei Szenarien, in denen Sie die Offerten jeweils in Grund- und Hauptbuch abbilden. Da bekannt ist, dass Sie eine Wirtschaftsschule besuchen, sollen Sie den Prozess bis hin zur Entscheidungsreife begleiten und Ihre Einschätzung der Rentabilität abgeben.
Die Finanzbuchhaltung des Unternehmens unterstützt Sie mit Informationsmaterial.

Consulenza GmbH

Consulenza GmbH, Maximilianstr. 544, 80539 München

Rayo de Sol AG
Gewerbepark 9
94315 Straubing

Ihr Zeichen
Ihre Nachricht vom
Unser Zeichen lp
Unsere Nachricht vom

Name Dr. Ludwig Pinke
Telefon +49 89 4789-98
Telefax +49 89 4789-99
E-Mai: l.pinke@consulenza.eu

Datum 14.10...

Fuhrparkmanagement

Sehr geehrte Damen und sehr geehrte Herren,

im Rahmen unserer Beratungen weisen wir Sie darauf hin, dass äußerst attraktive Leasingangebote eine Finanzierung Ihrer Fahrzeugflotte nicht mehr notwendig erscheinen lassen.
Neben dem rein finanziellen Aspekt zeichnet sich das Firmenleasing insbesondere durch eine steuersenkende Wirkung aus.
Sollten Sie tiefergehende Informationen wünschen, wenden Sie sich bitte vertrauensvoll an unsere Spezialistin für das Fuhrparkmanagement, Frau Regine Motore.

Mit freundlichen Grüßen,

Consulenza GmbH

Dr. L. Pinke

Dr. Ludwig Pinke
Geschäftsführer

E-Mail
info@consulenza.eu
Internet
www.consulenza.eu
Geschäftsführung
Dr. Ludwig Pinke

Bankverbindung
Bankhaus Muck, München
IBAN DE13 7329 4000 0009 8765 25
BIC MUENDE1KCCX

Handelsregister
HRB 9191
beim Amtsgericht München
USt.-IdNr. DE 122 88 3458
Steuer-Nr. 111/155/9874

Info!

Für den Vergleich Kauf oder Leasing sollen in der GuV die folgenden Zahlen zusätzlich berücksichtigt werden:

Summe sonstige Aufwendungen: 2.200.000,00 €

Summe Umsatzerlöse und sonstige Erträge 3.300.000,00 €

© Verlag Europa-Lehrmittel

Nolo Leasing

Nolo Leasing zur Nr. 1 im Kfz-Leasing gewählt

Anläßlich der Jahrestagung des Leasingverbandes wurde die in Landau an der Isar ansässige Nolo Leasing zur Nr. 1 unter den Kfz-Leasinggesellschaften gewählt.
Stolz nahm der Geschäftsführer Severin Müller-Lüdenscheid die Ehrung entgegen.
«Für uns ist es eine Bestätigung der bisher geleisteten Arbeit und Ansporn, auch in Zukunft unseren Kunden ein Höchstmaß an Professionalität und Service zu bieten.»
Diese Ehrung zeigt aber auch, dass Leasing eine sehr populäre Alternative zum Kauf bzw. zur Finanzierung darstellt.

Die Argumente sprechen für sich:
Laufende Anpassung an den neuesten Stand der Technik und Full Service Leasing (Kundendienst, Kfz-Wartung, Bereifung, Tankkarte und Versicherungspaket) machen das Leasing komfortabel.
Nebenbei stellen Leasingraten Aufwendungen dar, die in der GuV verbucht werden und somit den zu versteuernden Gewinn mindern.

Somit ist die enorme Zuwachsrate in der Leasingbranche für den einen oder anderen durchaus nachvollziehbar.

BK

Nolo Leasing

Nolo Leasing GmbH, Wittelsbacher Str. 13, 94405 Landau an der Isar

Rayo de Sol AG
Herrn Joseph Untermann
Gewerbepark 9
94315 Straubing

Ihr Zeichen	ku
Ihre Nachricht vom	19.10...
Unser Zeichen	mm
Unsere Nachricht vom	
Name	Mila-Sophie May
Telefon	+49 9951 1469-0
Telefax	+49 9951 1469-3
E-Mail	info@nolo-leasing.de
Datum	20.10...

Ihre Anfrage vom 19.10...

Sehr geehrter Herr Untermann,

gerne unterbreiten wir Ihnen ein Angebot für ein Full-Service Firmenleasing auf Basis Ihrer geforderten Leistungsdaten.

Modell:	Cooper Tour Elektro
Art:	Full-Service Leasing
Sonderzahlung:	0,00 €
Laufzeit:	36 Monate
Laufleistung:	20.000 km/Jahr
Leasingrate (netto):	310,93 €/Monat

Zur Information:
Leasingraten sind Betriebsausgaben und als solche steuerlich voll absetzbar.
Sie behalten Ihren finanziellen Handlungsspielraum und erhöhen Ihre Planungssicherheit durch klare Angaben bezüglich Leasingrate und Laufzeit.
Für Rückfragen stehen wir Ihnen gerne zur Verfügung.

Mit freundlichen Grüßen,

Nolo Leasing GmbH

Mila-Sophie May
Mila-Sophie May
Firmenkundenberatung

E-Mail
info@nolo-leasing.de
Internet
www.nolo-leasing.de
Geschäftsführer
Severin Müller-Lüdenscheid

Bankverbindung
Bankhaus Muck, Landau an der Isar
IBAN DE13 7016 5421 0009 9013 03
BIC LANDDE9KISS

Handelsregister
HRB 3012
beim Amtsgericht Straubing
USt.-IdNr. DE 127 54 8520
Steuer-Nr. 106/211/1718

Seidl

Minicooper Seidl GmbH, Rudolf-Diesel-Ring 4, 83329 Waging am See

Rayo de Sol AG
Herrn Untermann
Gewerbepark 9
94315 Straubing

Ihr Zeichen
Ihre Nachricht vom
Unser Zeichen js
Unsere Nachricht vom

Name Joshua Seidl
Telefon +49 8681 444-0
Telefax +49 8681 444-9
E-Mail info@minicooper-seidl.de

Datum 20.10...

Ihre Anfrage vom 19.10...

Sehr geehrter Herr Untermann,

wie telefonisch besprochen, unterbreiten wir Ihnen für den Cooper Tour Elektro, auf Basis Ihrer Ausstattungsdaten folgendes Angebot:

Pos.	Beschreibung	Stück	Einzelpreis	Gesamtpreis
1	Cooper Tour Elektro	10	22.500,00 €	225.000,00 €
2	Werbeaufschrift	10	200,00 €	2.000,00 €
3	Überführung	10	500,00 €	5.000,00 €
			- €	- €
	Dieses Angebot ist gültig bis zum 10.11...		Nettobetrag	232.000,00 €
			19 % MwSt.	44.080,00 €
			Bruttobetrag	276.080,00 €

Zahlungsbedingungen: Innerhalb von 30 Tagen rein netto

Ihrer Antwort sehen wir mit Interesse entgegen.

Mit freundlichen Grüßen,

Joshua Seidl

Joshua Seidl
Geschäftsführer
Minicooper Seidl GmbH

E-Mail
info@minicooper-seidl.de
Internet
www.minicooper-seidl.de
Geschäftsführung
Joshua Seidl

Bankverbindung
Bankhaus Money, Waging am See
IBAN DE13 7119 1000 0002 2011 58
BIC WAGIDE1KSEX

Handelsregister
HRB 3012
beim Amtsgericht Irgendwo
USt.-IdNr. DE 125 01 3333
Steuer-Nr. 102/400/7001

© Verlag Europa-Lehrmittel

Buchungstraining zur Wiederholung

Buchen Sie nachfolgende geschäftliche Vorgänge.

				Soll	Haben
Eine Kfz-Reparatur wird in bar bezahlt. Der MwSt.-Anteil beträgt 42,00 €.					

				Soll	Haben
Die Rechnung für den Einkauf von fünf Packungen Druckerpapier á 3,00 € netto geht ein.					

				Soll	Haben
Eine Hotelrechnung über 96,30 € brutto (für eine Übernachtung ohne Frühstück) im Rahmen eines Messebesuchs wurde quittiert.					

				Soll	Haben
Handelswaren im Wert von 743,75 € brutto wurden auf Rechnung verkauft.					

				Soll	Haben
Die Quartalsabrechnung der Bank geht ein. Demnach lagen die Zinsen im 1. Quartal bei 87,00 € und die Kontoführungsgebühren bei 15,30 €.					

© Verlag Europa-Lehrmittel

Mieteinnahmen in Höhe von 900,00 € werden der Bank gutgeschrieben.				Soll	Haben

Eine Speditionsrechnung über einen Betrag von 321,00 € brutto geht ein.				Soll	Haben

Ein Kunde begleicht eine offene Rechnung in Höhe von 481,95 € per Banküberweisung.				Soll	Haben

Kontenabschluss zur Wiederholung

Nehmen Sie den Kontenabschluss der Umsatzsteuer vor.
Gegeben ist folgend ein Ausschnitt aus der Finanzbuchhaltung der Modeboutique Paris.
Schließen Sie die Konten unter Angabe der entsprechenden Buchungssätze ab.
(Zur besseren Übersicht verwenden Sie bitte unterschiedliche Farben.)

S	2600 VSt		H
Σ VSt	29.754,00		

S	4800 USt		H
		Σ USt	86.025,00

S	4809 USt-Vorauszahlung		H
Σ Vorausz.	54.956,00		

S	8010 SBK		H
...	...	...	...

 © Verlag Europa-Lehrmittel

Abschlussbuchungssätze

Soll	EUR		Haben	EUR

Nehmen Sie den Kontenabschluss der Handelswaren vor.
Schließen Sie die Konten mit Angabe der entsprechenden Buchungssätze ab.
Schlussbestand Handelswaren lt. Inventur 524.000,00 €

S 2280 Handelswaren H

AB	512.000,00		

S 6080 Aufwand für HW H

Σ HW-Eink.	621.000,000		

S 5100 Umsatzerlöse für HW H

		Σ HW-Verk.	989.000,00

S 8020 GuV H

Σ sonst. Aufw.	215.000,00	Σ sonst. Ertr.	54.000,00

Soll	EUR		Haben	EUR

7.3 Besonderheiten beim Einkauf im Handelsunternehmen

7.3.1 Sofortrabatt im Einkauf

Beispiel

Auf der letzten Computermesse hat die Pear Computers Ltd. ihre neue Generation von Tablets vorgestellt.
Die Goggi Kartfun GmbH nahm die günstige Gelegenheit wahr, vier Geräte mit einem Messerabatt von 15 % zu erwerben.
Dieser Rabatt verringert den Nettopreis um 539,40 €.

pear computers

Pear Computers Ltd., Seeweg 12, 83899 Irgendwo

Goggi Kartfun GmbH
Hauptstraße 11
83899 Irgendwo

Ansprechpartner	Elisabetta Mason
Telefon	+49 8521 1719-98
Telefax	+49 8521 1719-99
E-Mail	info@pear-computers.com
Kundennummer	544
Lieferscheinnummer	..-011-64
Rechnung	
Rechnungsdatum	21.11...
Rechnungsnummer	..-011-64

Sehr geehrte Damen und sehr geehrte Herren,

wir erlauben uns Ihnen nachfolgende Position zu berechnen.

Pos.	Beschreibung	Stück	Einzelpreis	Gesamtpreis
1	Pear Tablet FUTURO, 17'' (256 GB)	4	899,00 €	3.596,00 €
			- €	- €
			- €	- €
			- €	- €
			Warenwert netto	3.596,00 €
			abzgl. 15 % Rabatt	539,40 €
			Zwischensumme	3.056,60 €
			19 % MwSt.	580,75 €
			Bruttobetrag	**3.637,35 €**

Bitte begleichen Sie den offenen Rechnungsbetrag innerhalb von 30 Tagen rein netto.

E-Mail
info@pear-computers.com
Internet
www.pear-computers.com
Geschäftsführung
Elisabetta Mason

Bankverbindung
Bankhaus Easy Credito, Irgendwo
IBAN DE13 7000 0000 0002 5874 10
BIC ECREDE1EXXX

Handelsregister
HRB 8001
beim Amtsgericht Irgendwo
USt.-IdNr. DE 122 7 3745
Steuer-Nr. 121/102/6001

Bei Belegen sind keine fiktiven, sondern ausschließlich die tatsächlichen Beträge maßgeblich. Aus diesem Grund werden Sofortrabatte in der Finanzbuchhaltung

_______________________.

			Soll	Haben

 © Verlag Europa-Lehrmittel

Aufgaben

1. Zur Neueröffnung seines Großhandelsunternehmens Gabbleon bietet Linus Decker auf alle Produkte einen Rabatt in Höhe von 10 % an. Sie helfen am Tag der Neueröffnung an der Kasse aus.
... und wie es kommen musste: Das elektronische Kassensystem „gibt den Geist auf".
Wie gut, dass es in einem solchen Fall noch Papier und Bleistift gibt.
Der Kunde Handyladen Klingel KG möchte zehn Pearphone Smart Fü 109 (Artikelnummer 1201) zum Listenpreis von 489,00 € netto sowie zwei Pearphone Zac (Artikelnummer 1554) zum Listenpreis von 354,00 € auf Rechnung erwerben.
Füllen Sie den Rechnungsausschnitt aus und buchen diesen aus Sicht der Klingel KG.

Pos.	Art. Nr.	Bezeichnung	Menge	Einzelpreis	Gesamtpreis
				Nettowarenwert	
				abzgl. 10 % Rabatt	
				Zwischensumme	
				+ 19 % MwSt.	
				Bruttobetrag	

		Soll	Haben

2. Sport Lilly e. K. ordert auf der Sportfachmesse ISPO in München am Messestand Luedi Skates GmbH 15 Paar Inlineskates Luedi Tiger, zu je 124,00 € netto. Das Unternehmen gewährt dem Sporthaus als langjährigen Kunden einen besonderen Rabatt: Frau Chorrera durfte den Nachlass mit zwei Würfeln selbst ermitteln (Ergebnis siehe rechts).
Vervollständigen Sie den Rechnungsausschnitt und buchen den Einkauf im Anschluss.

Pos.	Bezeichnung	Menge	Einzelpreis	Gesamtpreis

		Soll	Haben

7.3.2 Bezugskosten im Einkauf

Beispiel

Frau Chorrera plant ihr Sortiment um Fahrräder zu erweitern. Die Geschäftsleitung verspricht sich von dem neuen Geschäftsfeld eine Intensivierung des Freizeit- und Outdoorbereichs.

Eine Mitarbeiterin erhält den Auftrag, bei Bergziege GmbH für die ins Auge gefassten Mountainbikes die Lieferkonditionen auszuhandeln und im Anschluss daran die Räder zu bestellen. Eigentlich erwartete Frau Chorrera den Versand „frei Haus", doch bei Bergziege GmbH trägt der Käufer alle Kosten.

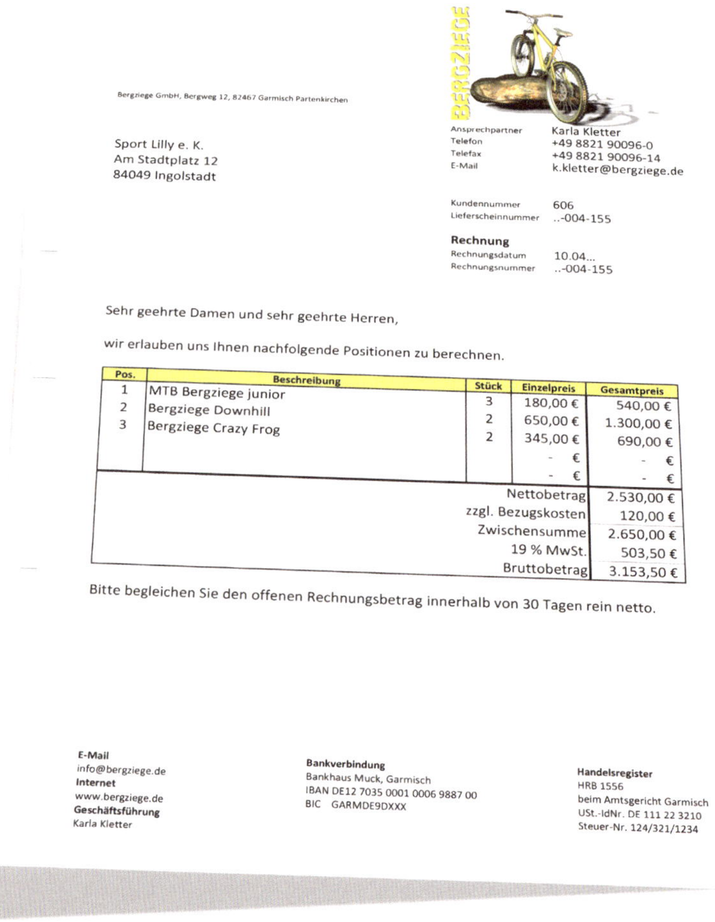

BERGZIEGE

Bergziege GmbH, Bergweg 12, 82467 Garmisch Partenkirchen

Sport Lilly e. K.
Am Stadtplatz 12
84049 Ingolstadt

Ansprechpartner Karla Kletter
Telefon +49 8821 90096-0
Telefax +49 8821 90096-14
E-Mail k.kletter@bergziege.de

Kundennummer 606
Lieferscheinnummer ..-004-155

Rechnung
Rechnungsdatum 10.04...
Rechnungsnummer ..-004-155

Sehr geehrte Damen und sehr geehrte Herren,

wir erlauben uns Ihnen nachfolgende Positionen zu berechnen.

Pos.	Beschreibung	Stück	Einzelpreis	Gesamtpreis
1	MTB Bergziege junior	3	180,00 €	540,00 €
2	Bergziege Downhill	2	650,00 €	1.300,00 €
3	Bergziege Crazy Frog	2	345,00 €	690,00 €
			- €	- €
			- €	- €
			Nettobetrag	2.530,00 €
			zzgl. Bezugskosten	120,00 €
			Zwischensumme	2.650,00 €
			19 % MwSt.	503,50 €
			Bruttobetrag	3.153,50 €

Bitte begleichen Sie den offenen Rechnungsbetrag innerhalb von 30 Tagen rein netto.

E-Mail
info@bergziege.de
Internet
www.bergziege.de
Geschäftsführung
Karla Kletter

Bankverbindung
Bankhaus Muck, Garmisch
IBAN DE12 7035 0001 0006 9887 00
BIC GARMDE9DXXX

Handelsregister
HRB 1556
beim Amtsgericht Garmisch
USt.-IdNr. DE 111 22 3210
Steuer-Nr. 124/321/1234

Werden die Transportkosten in Rechnung gestellt, so wird der Einkaufsbuchungssatz um ein viertes Konto ________

____

________________ erweitert.

 © Verlag Europa-Lehrmittel

Der Buchungssatz lautet demnach:

			Soll	Haben

Aufgaben

1. Der Lebensmittelhändler Cibaria AG möchte für den bevorstehenden Silvesterabend im Randsortiment u. a. Feuerwerkskörper anbieten. Aus diesem Grund bestellt die Abteilung Einkauf bei der Bomba GmbH 200 Sets Magia Höhenfeuerwerk (22,00 € netto/Set) und 300 Sets des Familiensortiments Mixa (6,00 € netto/Set).
Vereinbarungsgemäß wird die Ware beim Transport versichert (Kostenpunkt: pauschal 22,00 € netto) und durch eine Spedition überführt. Hierfür veranschlagt die Bomba GmbH zusätzlich 35,00 € netto.
Erstellen Sie den Rechnungsausschnitt und buchen Sie den Geschäftsfall aus Sicht der Cibaria AG.

Pos.	Bezeichnung	Menge	Einzelpreis	Gesamtpreis
			Nettowarenwert	
			Zzgl. Bezugskosten	
			Zwischensumme	
			+ 19 % MwSt.	
			Bruttobetrag	

		Soll	Haben

2. Zum Randsortiment der Cibaria AG zählen auch Schneeflitzer und Skibobs. Das Unternehmen ordert diese regelmäßig bei Slitta UG. Die Transportbedingungen lauten frachtfrei.
Für den Transport vom Bahnhof zum Unternehmen wird eine Spedition beauftragt. Verbuchen Sie die beiden vorliegenden Rechnungen.

Slitta

Slitta UG, Einsteinstr. 9, 87484 Nesselwang

Cibaria AG
Lilientalstr. 45
87435 Kempten

Ansprechpartner Rudi Talfart
Telefon +49 8361 77410-0
Telefax +49 8361 77410-33
E-Mail r.talfart@slitta.eu

Kundennummer 955
Lieferscheinnummer ..-010-991

Rechnung
Rechnungsdatum 20.10...
Rechnungsnummer ..-010-991

Sehr geehrte Damen und sehr geehrte Herren,

wir erlauben uns Ihnen nachfolgende Positionen zu berechnen.

Pos.	Beschreibung	Stück	Einzelpreis	Gesamtpreis
1	14001 Slitta Snowglider	20	62,00 €	1.240,00 €
2	14980 Skibob Ice 88	12	39,00 €	468,00 €
3	14411 Slidebockerl	10	8,90 €	89,00 €
			- €	- €
			- €	- €
			Nettobetrag	1.797,00 €
			zzgl. Transportkosten	180,00 €
			Zwischensumme	1.977,00 €
			19 % MwSt.	375,63 €
			Bruttobetrag	2.352,63 €

Bitte begleichen Sie den offenen Rechnungsbetrag innerhalb von 30 Tagen rein netto.

E-Mail
info@slitta.eu
Internet
www.slitta.eu
Geschäftsführer
Rudi Talfart

Bankverbindung
Bankhaus Money, Nesselwang
IBAN DE13 7542 7190 0009 8527 41
BIC NESSDE1OXXX

Handelsregister
HRB 6499
beim Amtsgericht Nesselwang
USt.-IdNr. DE 185 12 4279
Steuer-Nr. 132/491/6492

20.10...		Soll	Haben

Spedition Speed GmbH, Roßfeld 22, 87435 Kempten

SPEED

Cibaria AG
Lilientalstr. 45
87435 Kempten

Ansprechpartner	Ferdinand Müller
Telefon	+49 831 99855-0
Telefax	+49 831 99855-10
E-Mail	kontakt@spedition-speed.de
Kundennummer	093
Lieferscheinnummer	..-010-87

Rechnung

Rechnungsdatum	22.10...
Rechnungsnummer	..-010-96

Sehr geehrte Damen und sehr geehrte Herren,

wir erlauben uns Ihnen nachfolgende Positionen zu berechnen.

Pos.	Beschreibung	Stück	Einzelpreis	Gesamtpreis
18	Transport 2 Collicobehälter	1	50,00 €	50,00 €
	(lt. Vereinbarung Transportpauschale)		- €	- €
	Auftraggeber: Cibaria AG, Kempten		- €	- €
	Übergabeort: Bahnhof Kempten		- €	- €
	Empfänger: Cibaria AG, Kempten		- €	- €
			- €	- €
			Nettobetrag	50,00 €
			19 % MwSt.	9,50 €
			Bruttobetrag	59,50 €

Bitte begleichen Sie den offenen Rechnungsbetrag innerhalb von 7 Tagen rein netto.

E-Mail
kontakt@spedition-speed.de
Internet
www.spedition-speed.de
Geschäftsleitung
Ignatz Huber

Bankverbindung
Bankhaus Muck, Kempten
IBAN DE13 7542 7080 0008 7024 05
BIC KEMISDE1LXXX

Handelsregister
HRB 3821
beim Amtsgericht Kempten
USt.-IdNr. DE 185 18 7319
Steuer-Nr. 132/510/5123

20.10...		Soll	Haben

Buchungssätze zur Wiederholung

Bilden Sie die Buchungssätze zu den folgenden Geschäftsfällen.

a)

Sport Lilly e. K. bezieht bei Cheetah AG Laufschuhe im Wert von 1.428,00 € brutto.				**Soll**	**Haben**

b)

Das Sportgeschäft Sport Lilly e. K. bestellt bei Battida Racketsports AG zehn Badminton-Sets zum Bruttopreis/Set in Höhe von 95,20 €. Frau Chorrera handelt einen Rabatt von 10 % aus.				**Soll**	**Haben**

c)

Eine Rechnung für Handelswaren zum Listenpreis von 520,00 € geht ein. Der Lieferant gewährt 5 % Rabatt. Zusätzlich werden Transportkosten in Höhe von 20,00 € in Rechnung gestellt.				**Soll**	**Haben**

d)

Eine Speditionsrechnung für den Transport von Handelswaren in Höhe von 119,00 € brutto wird bar bezahlt.				**Soll**	**Haben**

e)

Lastschrift der Bank für die Rechnung von BQ International. Der Überweisungsbetrag lautet 1.231,00 €.				**Soll**	**Haben**

 © Verlag Europa-Lehrmittel

7.3.3 Kontenabschluss der behandelten Konten im Einkauf

Aufgabe

1. Nachfolgend sehen Sie einen Ausschnitt aus dem Hauptbuch der Sport Lilly e. K. Im Rahmen der Inventur wurde ein Lagerbestand bei den Handelswaren von 265.000,00 € ermittelt. Buchen Sie die Bestandsveränderung und schließen Sie die Konten soweit möglich ab.
   Geben Sie den jeweiligen Buchungssatz mit an.

S — 2280 Handelswaren — H

AB	210.000,00	8010 SBK	265.000,00

S — 6080 A HW — H

Σ A HW	502.120,00		

S — 5100 UE für HW — H

		Σ UE HW	997.600,00

S — 6081 BZK HW — H

Σ BZK HW	21.620,00		

S — 8020 GuV — H

Σ sonst. Aufw.	482.000,00	Σ sonst. Ertr.	58.600,00

Soll	EUR		Haben	EUR
8010 SBK	265.000,00	an	2280 HW	265.000,00

7.4 Besonderheiten beim Verkauf im Handelsunternehmen

7.4.1 Sofortrabatt im Verkauf

Wie im Einkaufsbereich werden

Sofortnachlässe ______________ .

Aufgabe

1. Buchen Sie den nachfolgenden Abriss der Ausgangsrechnung von Sport Lilly e. K.

Rechnungsdatum 09.01...
Rechnungsnummer AR..-001-5

Sehr geehrter Herr Weiß,

wir erlauben uns Ihnen nachfolgende Positionen zu berechnen.

Pos.	Beschreibung	Stück	Einzelpreis	Gesamtpreis
1	Gymnastikball Ergo 65 cm (versch. Farben)	20	8,35 €	167,00 €
2	Springseil Skipping	30	2,60 €	78,00 €
3	Gewichtsweste 10 kg	5	25,20 €	126,00 €
4	Aerobic Stepper	20	16,35 €	327,00 €
5	Medizinball 6 kg	10	18,20 €	182,00 €
			- €	- €
			Nettobetrag	880,00 €
			abzgl. 10 % Rabatt	88,00 €
			Zwischensumme	792,00 €
			19 % MwSt.	150,48 €
			Bruttobetrag	942,48 €

			Soll	Haben

 © Verlag Europa-Lehrmittel

7.4.2 Bezugskosten im Verkauf

Die Bezugskosten werden, sofern sie dem Kunden in Rechnung gestellt wurden, ____________________ auf einem separaten Konto erfasst. Das heißt, die Kosten für Verpackung, Transport, Zoll, Versicherung usw. werden auf dem Konto ____________________ gebucht.

Aufgaben

1. Sport Lilly e. K. sendet dem Fitness-Studio Mucki e. K. nachfolgende Rechnung.
   Buchen Sie den Geschäftsfall.

Sehr geehrter Herr Mucki,

wir erlauben uns Ihnen nachfolgende Positionen zu berechnen.

Pos.	Beschreibung	Stück	Einzelpreis	Gesamtpreis
1	Push-up Liegestützgriffe Set	10	4,80 €	48,00 €
2	Balance Pad (ø 35 cm)	10	12,00 €	120,00 €
3	Kurzhantelset (10 kg)	4	28,00 €	112,00 €
5	Medizinball 6 kg	10	18,20 €	182,00 €
			- €	- €
			- €	- €
			Nettobetrag	462,00 €
			zzgl. Transportkosten	62,00 €
			Zwischensumme	524,00 €
			19 % MwSt.	99,56 €
			Bruttobetrag	623,56 €

Bitte begleichen Sie den offenen Rechnungsbetrag innerhalb von 14 Tagen rein netto.

			Soll	Haben

2. Francesco Vent hat sich voll und ganz den erneuerbaren Energien verschrieben. Seine Ventsol GmbH handelt mit Solaranlagen und Windkrafträdern. Die Spedition Wiesel GmbH führt für ihn sämtliche Schwertransporte wie auch den folgenden Auftrag für den Kunden Windpark Mangfall AG aus.

Spedition Wiesel GmbH, Gewerbepark 9, 83088 Kiefersfelden

Ventsol GmbH
Gewerbepark 47
83088 Kiefersfelden

Ansprechpartner	Tom Wiesel
Telefon	+49 8033 18749-0
Telefax	+49 8033 18749-10
E-Mail	tw@spedition-wiesel.de
Kundennummer	087
Lieferscheinnummer	..-003-144
Rechnung	
Rechnungsdatum	24.03...
Rechnungsnummer	..-003-144

Sehr geehrte Damen und sehr geehrte Herren,

wir erlauben uns Ihnen nachfolgende Positionen zu berechnen.

Pos.	Beschreibung	Stück	Einzelpreis	Gesamtpreis
1	**Auftraggeber**: Ventsol GmbH,		- €	- €
	Gewerbepark 47, 83088 Kiefersfelden		- €	- €
	Abholung bei Ventsol GmbH,		- €	- €
	Gewerbepark 47, 83088 Kiefersfelden		- €	- €
	Empfänger: Windpark Mangfall AG		- €	- €
	Tal 1, 83022 Rosenheim		- €	- €
	Transport Windkraftanlage U-199200-F		- €	- €
	Laut Vereinbarung - pauschal	1	15.000,00 €	15.000,00 €
			Nettobetrag	15.000,00 €
			19 % MwSt.	2.850,00 €
			Bruttobetrag	17.850,00 €

Bitte begleichen Sie den offenen Rechnungsbetrag innerhalb von 21 Tagen rein netto.

E-Mail
info@spedition-wiesel.de
Internet
www.spedition-wiesel.de
Geschäftsführer
Tom Wiesel

Bankverbindung
Bankhaus Muck, Kiefersfelden
IBAN DE12 7114 0110 0008 8104 40
BIC GERNDEG8MUC

Bankverbindung
Bank12 AG, Kiefersfelden
IBAN DE12 7114 55206 0006 7743 00
BIC GERNDEF1VRR

Handelsregister
HRB 4001
beim Amtsgericht Kiefersfelden
USt.-IdNr. DE 132 24 4711
Steuer-Nr. 141/198/4122

VENTS

Ventsol GmbH, Gewerbepark 47, 83088 Kiefersfelden

Windpark Mangfall AG
Tal 1
83022 Rosenheim

Kundennummer	
Lieferscheinnummer	..-003-14
Rechnung	
Rechnungsdatum	26.03...
Rechnungsnummer	..-003-22

Sehr geehrte Damen und sehr geehrte Herren,

wir erlauben uns Ihnen nachfolgende Position zu berechnen.

Pos.	Beschreibung	Stück	Einzelpreis	Gesamtpreis
1	Transport Windkraftanlage U-199200-F (Pauschalbetrag)	1	15.000,00 €	15.000,00 €
			- €	- €
			- €	- €
			- €	- €
			- €	- €
			Nettobetrag	15.000,00 €
			19 % MwSt.	2.850,00 €
			Bruttobetrag	17.850,00 €

Bitte begleichen Sie den offenen Rechnungsbetrag innerhalb von 14 Tagen rein netto.

E-Mail
kontakt@ventsol.de
Internet
www.ventsol.de
Geschäftsführer
Francesco Vent

Bankverbindung
Bankhaus Muck, Kiefersfelden
IBAN DE12 7114 0110 0008 8104 40
BIC GERNDEG8MUC

Handelsregister
HRB 4850
beim Amtsgericht Kiefersfelden
USt.-IdNr. DE 132 44 7100
Steuer-Nr. 141/412/6577

Sie sind als Praktikant in der Finanzbuchhaltung der Ventsol GmbH beschäftigt und Ihnen wird die Aufgabe zuteil, umliegende Belege zu buchen.

	Soll	EUR		Haben	EUR

3. Erklären Sie die maßgeblichen Unterschiede der Behandlung der Bezugskosten im Einkaufs- und Verkaufsbereich für die Buchhaltung.

____

____

____

4. Der Doll Karts Versandhandel GmbH liefert dem Kartcenter Hammer drei Karts der Marke Goggi (Listenpreis 2.400,00 €).
Vereinbarungsgemäß wird dem Kunden ein Rabatt von 5 % auf den Listenpreis gewährt. Die Kosten für Verpackung belaufen sich auf 150,00 € netto pro Kart. Die Zustellung erfolgt mit dem firmeneigenen Lkw. Hierfür wird ein Pauschalbetrag in Höhe von 120,00 € netto veranschlagt.

a) Ermitteln Sie die erforderlichen Beträge und verbuchen Sie den Debitor.

			Soll	Haben

© Verlag Europa-Lehrmittel

b)

Der Kunde Kartcenter Hammer begleicht die Rechnung per Banküberweisung.				Soll	Haben

Lernsituation 14

Sie absolvieren ein Praktikum beim Lebensmittelgroßhändler delicia GmbH & Co. KG. Die Finanzbuchhaltung ist Ihre erste „Anlaufstelle".

→ Handlungsauftrag

So, und nun frisch ans Werk. Nachfolgende Belege stehen zum Buchen in Excel an.

La Comida

La Comida GmbH, Schellingstr. 78, 80469 München

delicia GmbH & Co. KG
Herrn Dennis Licia
Daimler Str. 102
87600 Kaufbeuren

Ansprechpartner Anna Comida
Telefon +49 89 25445-0
Telefax +49 89 25445-10
E-Mail av@la-comida.com

Kundennummer 074
Lieferscheinnummer L..-001-652

Rechnung
Rechnungsdatum 08.01...
Rechnungsnummer AR..-001-652

Sehr geehrter Herr Licia,

folgende Köstlichkeiten stellen wir Ihnen in Rechnung:

Pos.	Beschreibung	Stück	Einzelpreis	Gesamtpreis
1	Currysuppe Mamma (Bodenstandbeutel, 500 ml)	120	1,90 €	228,00 €
2	La Comida Gemüseboullion (Pulver, 200 g)	100	4,20 €	420,00 €
3	Magic Pasta Nudelfertiggericht	200	2,20 €	440,00 €
4	La Comida Snack Pasta Bolognese	200	2,34 €	468,00 €
			- €	- €
			- €	- €
			Nettobetrag	1.556,00 €
			zzgl. Transport und Verpackung	42,00 €
			Zwischensumme	1.598,00 €
			7 % MwSt.	111,86 €
			Bruttobetrag	1.709,86 €

Wir erwarten Ihren Zahlungseingang innerhalb von 30 Tagen rein netto.

E-Mail
info@la-comida.com
Internet
www.la-comida.de
Geschäftsführung
Anna Comida

Bankverbindung
Bank12 AG, München
IBAN DE12 7105 1209 0004 5423 87
BIC MUERDE1JXXX

Handelsregister
HRB 1998
beim Amtsgericht München
USt.-IdNr. DE 145 10 4503
Steuer-Nr. 198/874/7451

delicia GmbH & Co., Daimler Str. 102, 87600 Kaufbeuren

Viveri Group Lebensmittel
Schellingstr. 22
80636 München

Ansprechpartner	Dennis Licia
Telefon	+49 8341 7010-0
Telefax	+49 8341 7010-1
E-Mail	licia@gh-delicia.de

Kundennummer	074
Lieferscheinnummer	L..-001-652

Rechnung

Rechnungsdatum	11.01...
Rechnungsnummer	AR..-001-652

Sehr geehrte Damen und sehr geehrte Herren,

gestatten Sie uns, Ihnen nachfolgende Positionen in Rechnung zu stellen.

Pos.	Beschreibung	Stück	Einzelpreis	Gesamtpreis
1	Stilkasserolle Napoli	20	10,40 €	
2	Pfanne Korfu (28 cm)	30	18,00 €	
3	Kooc Wok mit Glasdeckel (35 cm)	50	14,50 €	
4	Topfset Profi Collection	30	120,00 €	
5	Topfset Starter Edition	20	80,00 €	
			- €	
			- €	
			Nettobetrag	
			zzgl. Transportkosten	45,00 €
			Zwischensumme	
			19 % MwSt.	
			Bruttobetrag	

Bitte begleichen Sie den offenen Rechnungsbetrag innerhalb von 7 Tagen rein netto.

E-Mail
info@gh-delicia.com
Internet
www.gh-delicia.de
Geschäftsführung
Dennis Licia

Bankverbindung
Bankhaus Muck, Kaufbeuren
IBAN DE13 7077 0707 0006 5454 60
BIC KAUFDE4LXXX

Handelsregister
HRB 1876
beim Amtsgericht Kaufbeuren
USt.-IdNr. DE 107 10 6105
Steuer-Nr. 127/123/7451

delicia GmbH & Co., Daimler Str. 102, 87600 Kaufbeuren

Tante Emma KG
Nymphenburgerstr. 8
80636 München

Ansprechpartner Dennis Licia
Telefon +49 8341 7010-0
Telefax +49 8341 7010-1
E-Mail licia@gh-delicia.de

Kundennummer 086
Lieferscheinnummer L..-001-688

Rechnung
Rechnungsdatum 12.01...
Rechnungsnummer AR..-001-688

Sehr geehrte Damen und sehr geehrte Herren,

wir erlauben uns Ihnen nachfolgende Positionen zu berechnen.

Pos.	Beschreibung	Stück	Einzelpreis	Gesamtpreis
1	Champ Kaugummi Cherry Mint (40 St./Box)	1	12,90 €	12,90 €
2	Champ Kaugummi Peppermint (40 St./Box)	1	12,90 €	12,90 €
3	Lolly Sweety, gemischt (50 St/Dose)	3	5,50 €	16,50 €
4	Kaubonbon Sour-Edition Himbeer (275 St./Box)	1	7,20 €	7,20 €
5	Kaubonbon Sour-Edition Cola (275 St./Box)	1	7,20 €	7,20 €
			- €	- €
			- €	- €
			Nettobetrag	56,70 €
			abzgl. 5 % Rabatt	2,84 €
			Zwischensumme	53,86 €
			7 % MwSt.	3,77 €
			Bruttobetrag	57,63 €

Bitte begleichen Sie den offenen Rechnungsbetrag innerhalb von 10 Tagen rein netto.

E-Mail info@gh-delicia.com
Internet www.gh-licia.de
Geschäftsführung Dennis Licia

Bankverbindung
Bankhaus Muck, Kaufbeuren
IBAN DE13 7077 0707 0006 5454 60
BIC KAUFDE4LXXX

Handelsregister
HRB 1876
beim Amtsgericht Kaufbeuren
USt.-IdNr. DE 107 10 6105
Steuer-Nr. 127/123/7451

KOOC

Ansprechpartner Timo Topf
Telefon +49 851 456-0
Telefax +49 851 456-1
E-Mail t.topf@kooc-profi.com

Kundennummer 074
Lieferscheinnummer L..-001-681

Rechnung
Rechnungsdatum 11.01...
Rechnungsnummer AR..-001-681

…en:

Pos.	Beschreibung	Stück	Einzelpreis	Gesamtpreis
1	Stilkasserolle Napoli	20	14,00 €	280,00 €
2	Pfanne Korfu (28 cm)	30	18,00 €	540,00 €
3	Kooc Wok mit Glasdeckel (35 cm)	50	14,50 €	725,00 €
4	Topfset Profi Collection	30	120,00 €	3.600,00 €
5	Topfset Starter Edition	20	80,00 €	1.600,00 €
			- €	- €
			- €	- €
			- €	- €
			Nettobetrag	6.745,00 €
			19 % MwSt.	1.281,55 €
			Bruttobetrag	8.026,55 €

Zahlungskonditionen:
Innerhalb von 30 Tagen rein netto.

E-Mail info@kooc-profi.com
Internet www.kooc-profi.de
Komplementär Ina Topf

Bankverbindung
Bankhaus Muck, Passau
IBAN DE13 7137 1313 0007 1424 60
BIC COVIDE1KXXX

Handelsregister
HRA 1876
beim Amtsgericht Passau
USt.-IdNr. DE 175 17 4773
Steuer-Nr. 122/264/6251

Metzgerei KuH e. K.

Metzgerei Kurt Hut, Schellingstr. 78, 87666 Pforzen

delicia GmbH & Co. KG
Herrn Dennis Licia
Daimler Str. 102
87600 Kaufbeuren

Ansprechpartner Kurt Hut
Telefon +49 8346 8500-0
Telefax +49 8346 8500-3
E-Mail kontakt@kuh.by

Kundennummer 239
Lieferscheinnummer ..-001-47

Rechnung
Rechnungsdatum 10.01...
Rechnungsnummer ..-001-47

Sehr geehrter Herr Licia,

nachfolgende Positionen stellen wir Ihnen in Rechnung:

Pos.	Beschreibung	kg	Einzelpreis	Gesamtpreis
1	Lamm-Medaillons, mariniert	20	25,90 €	
2	Thüringer Rostbratswurst	30	9,80 €	
3	Hähnchenbrustfilet, natur	10	12,20 €	
4	Wiener Würstchen	10	10,50 €	
			- €	
			- €	
			Nettobetrag	
			10 % Aktionsrabatt	
			Zwischensumme	
			[illegible] % MwSt.	
			Bruttobetrag	

Bitte begleichen Sie den offenen Rechnungsbetrag bis spätestens 30.01... rein netto.

E-Mail
kontakt@kuh.by
Internet
www.kuh.by
Inhaber
Kurt Hut

Bankverbindung
Bankhaus Muck, Pforzen
IBAN DE12 7307 1410 0007 5543 01
BIC PFORDE8JKLL

Handelsregister
HRA 7801
beim Amtsgericht Pforzen
USt.-IdNr. DE 178 10 7410
Steuer-Nr. 113/144/7446

Bankhaus muck

Bankhaus Muck Kaufbeuren

Buchungs-tag	Tag der Wertstellung	Verwendungszweck	Buchungs-nummer	Alter Kontostand	11.105,23 H
09.01.	09.01.	La Comida GmbH Re. Nr. AR..-001-652 vom 08.01...	1754440		1.709,86 S
16.01.	16.01.	Metzgerei KuH e. K. Re. Nr. ..001-47 vom 10.01...	1779071		
16.01.	16.01.	Tante Emma KG Re. Nr. AR..001-668 vom 12.01...	1785919		57,63 H

delicia GmbH & Co. KG
Daimler Str. 102
87600 Kaufbeuren

IBAN DE12 7077 0707 0006 5454 60
BIC KAUFDE4LXXX

Neuer Kontostand		
16.01...	3	1
Kontoauszug vom	Auszug	Blatt

www.bankhaus-muck.de

Bankhaus muck

Bankhaus Muck Kaufbeuren

Buchungs-tag	Tag der Wertstellung	Verwendungszweck	Buchungs-nummer	Alter Kontostand	
17.01.	17.01.	Viveri Group Re. Nr. AR..-001-652 vom 11.01...	1854540		
20.01.	20.01.	Kooc GmbH	1929071		8.026,55 S

delicia GmbH & Co. KG
Daimler Str. 102
87600 Kaufbeuren

IBAN DE12 7077 0707 0006 5454 60
BIC KAUFDE4LXXX

Neuer Kontostand		
20.01...	4	1
Kontoauszug vom	Auszug	Blatt

www.bankhaus-muck.de

7.4.3 Kontenabschluss des behandelten Kontos im Verkauf

Aufgabe

1. Schließen Sie das Hauptbuch ab und geben Sie die jeweiligen Abschlussbuchungssätze mit an.

S	2280 HW		H
8000	205.000,00	8010	182.000,00

S	5100 UE für HW		H
		Σ UE HW	669.800,00

S	6080 A HW		H
Σ A HW	502.100,00		

S	8020 GuV		H

S	6081 BZK HW		H
Σ BZK HW	12.600,00		

S	3000 Eigenkapital		H
		8000	546.200,00

Soll	EUR		Haben	EUR

7.5 Kreditoren- und Debitorenbuchhaltung

...	
440015	Bergziege GmbH
440016	Vilis Boards GmbH
440017	BQ International GmbH
440018	Xonx Golf AG
440019	Cheetah Sportschuh AG
440020	Battido Racketsport GmbH
440021	Luedi Skates GmbH
440022	Inneneinrichtung Smack KG
...	
440099	Diverse Kreditoren

...	
240012	TC Schmetterball e. V.
240013	Fitness-Studio Mucki e. K.
240014	SV Moorwald e. V.
240015	TUS Ingolstadt e. V.
240016	FC Manching e. V.
240017	Sportfreunde Schrobenhausen e. V.
...	
240099	Diverse Debitoren

Aufgaben

1. Diskutieren Sie in der Klasse und fassen Sie im Anschluss die Argumente für eine Kreditoren- und Debitorenbuchhaltung zusammen.

____

____

____

____

____

© Verlag Europa-Lehrmittel

2. Buchen Sie die folgenden Geschäftsfälle aus Sicht von Sport Lilly e. K. unter Verwendung der Kreditoren- und Debitorennummern.

a)

<table>
<tr><td rowspan="4">Eine Ausgangsrechnung an das Fitness-Studio Mucki e. K. für Handelswaren im Wert von 1.200,00 €, zzgl. Transportkosten in Höhe von 50,00 € netto wurde erstellt.</td><td colspan="3"></td><td>Soll</td><td>Haben</td></tr>
<tr><td></td><td></td><td></td><td></td><td></td></tr>
<tr><td></td><td></td><td></td><td></td><td></td></tr>
<tr><td></td><td></td><td></td><td></td><td></td></tr>
</table>

b)

<table>
<tr><td rowspan="4">Lieferung von Tennisbällen auf Rechnung an TUS Ingolstadt e. V., Warenwert 672,00 € netto.
Das Sportgeschäft gewährt einen Rabatt von 5 %.</td><td colspan="3"></td><td>Soll</td><td>Haben</td></tr>
<tr><td></td><td></td><td></td><td></td><td></td></tr>
<tr><td></td><td></td><td></td><td></td><td></td></tr>
<tr><td></td><td></td><td></td><td></td><td></td></tr>
</table>

c)

<table>
<tr><td rowspan="5">Sport Lilly e. K. bezieht bei der Bergziege GmbH zwei MTB Green Frog auf Ziel:
Listenpreis 500,00 €/St.
Versandkosten 12,00 €/St.</td><td colspan="3"></td><td>Soll</td><td>Haben</td></tr>
<tr><td></td><td></td><td></td><td></td><td></td></tr>
<tr><td></td><td></td><td></td><td></td><td></td></tr>
<tr><td></td><td></td><td></td><td></td><td></td></tr>
<tr><td></td><td></td><td></td><td></td><td></td></tr>
</table>

d)

<table>
<tr><td rowspan="4">Sport Lilly e. K. bezieht von Inneneinrichtung Smack KG neue Ladenregale. Die Kosten belaufen sich auf 952,00 € brutto.</td><td colspan="3"></td><td>Soll</td><td>Haben</td></tr>
<tr><td></td><td></td><td></td><td></td><td></td></tr>
<tr><td></td><td></td><td></td><td></td><td></td></tr>
<tr><td></td><td></td><td></td><td></td><td></td></tr>
</table>

e)

<table>
<tr><td rowspan="3">Die gebuchte Rechnung der Xonx Golf AG für den Einkauf von Golfschlägern wird per Postbank beglichen, brutto 658,00 €.</td><td colspan="3"></td><td>Soll</td><td>Haben</td></tr>
<tr><td></td><td></td><td></td><td></td><td></td></tr>
<tr><td></td><td></td><td></td><td></td><td></td></tr>
</table>

Lernsituation 15

Sie absolvieren abermals ein Praktikum in der Buchhaltung der Sport Lilly e. K.
Mit heutiger Post erhält Frau Chorrera ein Paket der Steuerkanzlei Ehrlich & Partner.
Zeitgleich erreicht ihren E-Mail-Account nachfolgende Schreckensmeldung.

→ Handlungsauftrag

Frau Chorrera kann Ihr Wissen nun gut einschätzen und betraut Sie mit dem geforderten Auftrag.

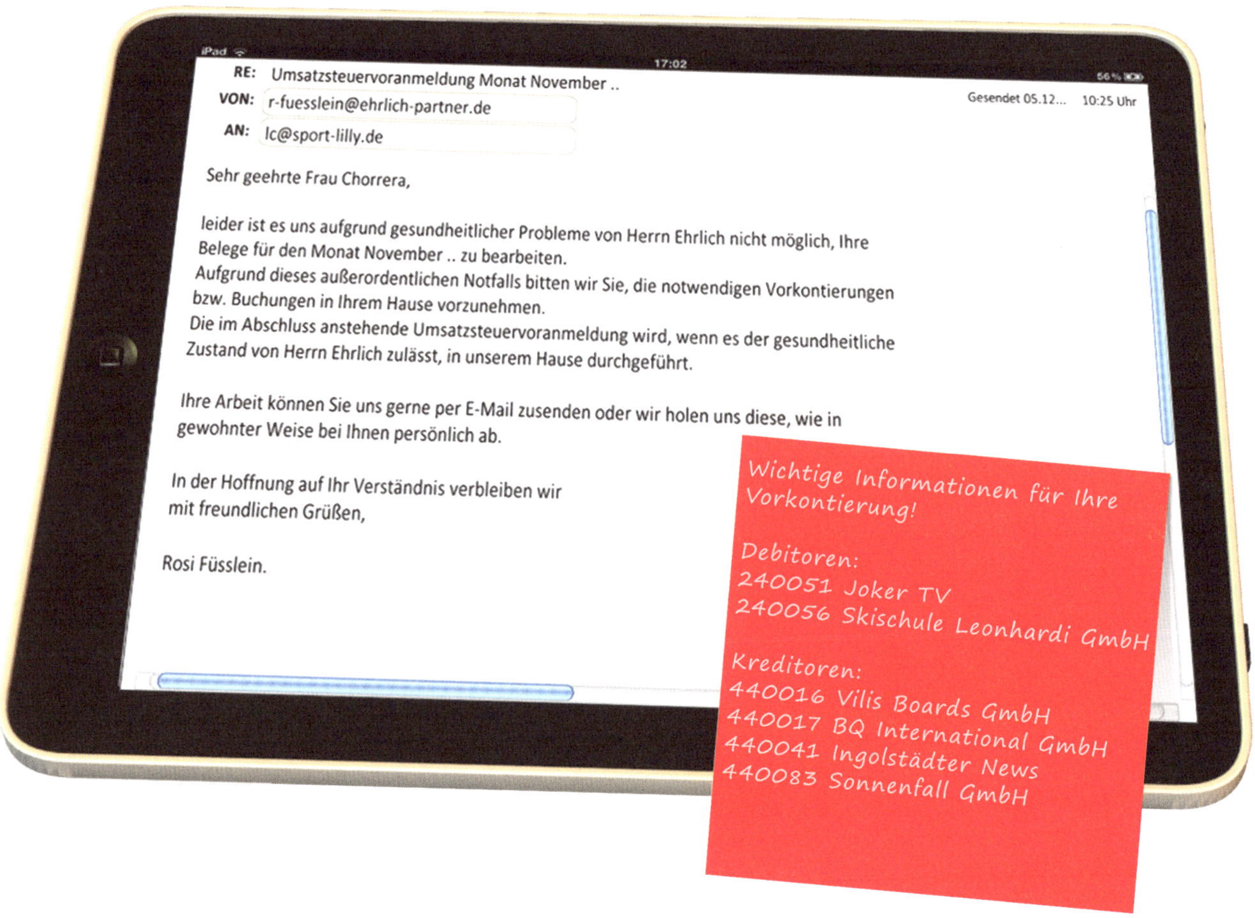

 © Verlag Europa-Lehrmittel

Sport Lilly

Sport Lilly e. K., Am Stadtplatz 12, 84049 Ingolstadt

Joker TV
Medienallee 15
84049 Ingolstadt

Ansprechpartner	Lilly Chorrera
Telefon	+49 841 940105-7
Telefax	+49 841 940105-8
E-Mail	lc@sport-lilly.de
Kundennummer	240051
Lieferscheinnummer	L..-011-7

Rechnung

Rechnungsdatum	14.11...
Rechnungsnummer	AR..-011-7

Sehr geehrte Damen und sehr geehrte Herren,

wir erlauben uns Ihnen für Ihr Winterpreisausschreiben nachfolgend zu berechnen.

Pos.	Beschreibung	Stück	Einzelpreis	Gesamtpreis
1	Slitta Skibob Speed	30	59,00 €	1.770,00 €
2	Yelmo Skihelm Protector	30	50,00 €	1.500,00 €
3	BQ Fleeceshirt Joker	30	39,00 €	1.170,00 €
4	BQ Skihandschuhe TEX (diverse Größen)	30	29,00 €	870,00 €
			- €	- €
			- €	- €
			Nettobetrag	5.310,00 €
			10 % Rabatt	531,00 €
			Zwischensumme	4.779,00 €
			19 % MwSt.	908,01 €
			Bruttobetrag	5.687,01 €

Bitte begleichen Sie den offenen Rechnungsbetrag innerhalb von 30 Tagen rein netto.

Sport Lilly e. K., Am Stadtplatz 12, 84049 Ingolstadt

Skischule Leonhardi GmbH
Untersberg 14
83324 Ruhpolding

E-Mail
info@sport-lilly.de
Internet
www.sport-lilly.de
Inhaberin
Lilly Chorrera

Bankverbindung
Bankhaus Muck, Ingolstadt
IBAN DE12 7215 0110 0000 6167 17
BIC COVIDE1LCDF

Bankverbindung
Bank12 AG, Ingolstadt
IBAN DE12 7215 0209 0005 0123 67
BIC AMERDE1JLLA

Handelsregister
HRA 1005
beim Amtsgericht Ingolstadt
USt.-IdNr. DE 105 01 0303
Steuer-Nr. 102/560/7001

Rechnung

Rechnungsdatum	14.11...
Rechnungsnummer	AR..-011-1

Sehr geehrte Damen und sehr geehrte Herren,

wir erlauben uns Ihnen nachfolgende Positionen zu berechnen.

Pos.	Beschreibung	Stück	Einzelpreis	Gesamtpreis
1	Vilis Snowborad Revolution	8	290,00 €	2.320,00 €
2	Vilis Carver School	5	180,00 €	900,00 €
3	Black & White Snowblades	4	90,00 €	360,00 €
4	Yelmo Secure (Skihelm) silber (div. Größen)	5	40,00 €	200,00 €
			- €	- €
			- €	- €
			Nettobetrag	3.780,00 €
			10 % Rabatt	378,00 €
			Zwischensumme	3.402,00 €
			19 % MwSt.	646,38 €
			Bruttobetrag	4.048,38 €

Bitte begleichen Sie den offenen Rechnungsbetrag innerhalb von 30 Tagen rein netto.

E-Mail
info@sport-lilly.de
Internet
www.sport-lilly.de
Inhaberin
Lilly Chorrera

Bankverbindung
Bankhaus Muck, Ingolstadt
IBAN DE12 7215 0110 0000 6167 17
BIC COVIDE1LCDF

Bankverbindung
Bank12 AG, Ingolstadt
IBAN DE12 7215 0209 0005 0123 67
BIC AMERDE1JLLA

Handelsregister
HRA 1005
beim Amtsgericht Ingolstadt
USt.-IdNr. DE 105 01 0303
Steuer-Nr. 102/560/7001

BQ International GmbH., Wunderweg 13, 83700 Rottach Egern

BQ International
Modedesign für Polo und Golf

Sport Lilly e. K.
Am Stadtplatz 12
84049 Ingolstadt

Ansprechpartner Brigitte Schön
Telefon +49 8022 940105-7
Telefax +49 8022 940105-8
E-Mail info@bq-polo.com

Kundennummer 0451
Lieferscheinnummer L..-011-441

Rechnung
Rechnungsdatum 18.11...
Rechnungsnummer AR..-011-441

Sehr geehrte Damen und sehr geehrte Herren,

wir erlauben uns Ihnen nachfolgende Positionen zu berechnen.

Pos.	Beschreibung	Stück	Einzelpreis	Gesamtpreis
1	BQ Fleecejacke Polar (diverse Größen)	10	40,00 €	400,00 €
2	BQ Softshelljacke Herren, Größe XL, caramel	7	48,00 €	336,00 €
3	BQ Softshelljacke Herren, Größe X, caramel	5	48,00 €	240,00 €
4	BQ SNB Hose Tough Herren, Größe XL, black	7	39,00 €	273,00 €
5	BQ SNB Hose Tough, Herren, Größe X, black	5	39,00 €	195,00 €
6	BQ Softshelljacke Harlekin, Damen, Größe L	10	54,00 €	540,00 €
7	BQ SNB Hose Cargo Damen, Größe L, white	10	44,00 €	440,00 €
			- €	- €
			Nettobetrag	2.424,00 €
			19 % MwSt.	460,56 €
			Bruttobetrag	2.884,56 €

Bitte begleichen Sie den offenen Rechnungsbetrag innerhalb von 30 Tagen rein netto.

E-Mail
info@bq-polo.com
Internet
www.bq-polo.com
Geschäftsführung
Brigitte Schön

Bankverbindung
Bankhaus Money, Rottach Egern
IBAN DE13 7022 0177 0003 0721 05
BIC ROTEDE9RXXX

Handelsregister
HRB 1241
beim Amtsgericht Miesbach
USt.-IdNr. DE 110 84 1234
Steuer-Nr. 106/511/7741

ädter News

Ansprechpartner Fritz Flink
Telefon +49 841 451110-0
Telefax +49 841 451110-8
E-Mail info@inp.de

Kundennummer 5411

Rechnung
Rechnungsdatum 05.11...
Rechnungsnummer ..-011-4771

Guten Tag Frau Chorrera,

gestatten Sie uns Ihre in Auftrag gegebenen Inserate in Rechnung zu stellen:

Pos.	Beschreibung	Schaltungen	Einzelpreis	Gesamtpreis
1	Inseratskosten Auftragsnr. 10-545-889A54	4	800,00 €	3.200,00 €
			- €	- €
			- €	- €
			Nettobetrag	3.200,00 €
			19 % MwSt.	608,00 €
			Bruttobetrag	3.808,00 €

Bitte begleichen Sie den offenen Rechnungsbetrag innerhalb von 14 Tagen rein netto.

E-Mail
info@inp.de
Internet
www.inp.de
Geschäftsführung
Dr. Otto Trust

Bankverbindung
Bankhaus Muck, Ingolstadt
IBAN DE12 7215 0110 0008 2581 47
BIC COVIDE1LCDF

Bankverbindung
Bank12 AG, Ingolstadt
IBAN DE12 7215 0209 0006 1234 56
BIC AMERDE1JLLA

Handelsregister
HRB 1077
beim Amtsgericht Ingolstadt
USt.-IdNr. DE 110 01 1245
Steuer-Nr. 102/471/1236

© Verlag Europa-Lehrmittel

Sonnenfall GmbH, Am Platz 4, 82319 Starnberg

Sport Lilly e. K.
Am Stadtplatz 12
84049 Ingolstadt

Ansprechpartner	Willy Buchner
Telefon	+49 8151 451796-0
Telefax	+49 8151 451796-2
E-Mail	kontakt@sonnenfall.de

Kundennummer	557
Lieferscheinnummer	L..-011-45

Rechnung

Rechnungsdatum	20.11...
Rechnungsnummer	AR..-011-45

Sehr geehrte Damen und sehr geehrte Herren,

wir erlauben uns Ihnen nachfolgende Positionen zu berechnen.

Pos.	Beschreibung	Stück	Einzelpreis	Gesamtpreis
1	SKI- UND SNOWBOARD SCHLEIF- UND WACHSMASCHINE	1	15.200,00 €	15.200,00 €
				- €
				- €
				- €
				- €
			Nettobetrag	
			abzgl. 10 % Rabatt	
			Zwischensumme	
			19 % MwSt.	
			Bruttobetrag	

Bitte begleichen Sie den offenen Rechnungsbetrag innerhalb von 10 Tagen rein netto.

Lieferkonditionen: frei Haus

E-Mail
kontakt@sonnenfall.de
Internet
www.sonnenfall.de
Geschäftsführer
Willy Buchner

Bankverbindung
Bank12 AG, Starnberg
IBAN DE12 7327 3209 0008 0127 31
BIC STARNDE1JXXX

Handelsregister
HRB 54120
beim Amtsgericht Starnberg
USt.-IdNr. DE 110 01 8412
Steuer-Nr. 103/201/3654

© Verlag Europa-Lehrmittel

Vilis Boards GmbH

Vilis Boards GmbH, Zellweg 1, 80331 München

Sport Lilly e. K.
Am Stadtplatz 12
84049 Ingolstadt

Ansprechpartner	Lisa Krause
Telefon	+49 (0) 89 377162-12
Telefax	+49 (0) 89 377162-11
E-Mail	lk@vilis-boards.de

Kundennummer	046
Lieferscheinnummer	..-011-45

Rechnung

Rechnungsdatum	12.11...
Rechnungsnummer	..-011-45

Sehr geehrte Damen und sehr geehrte Herren,

wir erlauben uns Ihnen nachfolgende Positionen zu berechnen.

Pos.	Beschreibung	Stück	Einzelpreis	Gesamtpreis
1	Snowboard Vilis Storm	6		1.740,00 €
2	Snowboard Vilis Revolution		185,00 €	740,00 €
3	Snowboard Vilis Freestyle	2		
			Nettobetrag	
			19 % MwSt.	
			Bruttobetrag	3.308,20 €

Bitte begleichen Sie den offenen Rechnungsbetrag innerhalb von 30 Tagen rein netto.

E-Mail
info@vilis-boards.de
Internet
www.vilis-boards.de
Geschäftsführung
Lisa Krause
Constantin Krause

Bankverbindung
Bank4u, München
IBAN DE12 7011 0707 0001 0392 28
BIC PISCIDE7LCKR

Handelsregister
HRB 1669
beim Amtsgericht München
USt.-IdNr. DE 118 31 1234
Steuer-Nr. 107/506/1554

 © Verlag Europa-Lehrmittel

Bankhaus muck Bankhaus Muck Ingolstadt

Buchungs-tag	Tag der Wertstellung	Verwendungszweck	Buchungs-nummer	Alter Kontostand	41.401,32 H
05.11...	05.11...	Miete Oktober .. Mietobjekt Am Stadtplatz 12	125587		2.500,00 S
06.11...	06.11...	Finanzamt Ingolstadt Kraftfahrzeugsteuer ..	125871		510,00 S
07.11...	07.11...	Wocheneinnahmen KW 44 Kassenabrechnung ..-11-01 vom 07.11...	135494		23.987,45 H
				Neuer Kontostand	62.378,77 H

Kontoauszug vom	Auszug	Blatt
07.11...	86	1

Sport Lilly e. K.
Am Stadtplatz 12
84049 Ingolstadt

IBAN DE12 7215 0110 0000 6167 17
BIC COVIDE1LCDF

www.bankhaus-muck.de

Bankhaus muck Bankhaus Muck Ingolstadt

Buchungs-tag	Tag der Wertstellung	Verwendungszweck	Buchungs-nummer	Alter Kontostand	62.387,77H
10.11...	10.11...	Ingolstädter Anzeiger Re. Nr. ..-11-4771 vom 05.11...	162440		3.808,00 S
14.11...	14.11...	Vilis Boards GmbH Re. Nr. ..-011-45 vom 12.11...	164880		3.308,20 S
14.11...	14.11...	Wocheneinnahmen KW 44 Kassenabrechnung ..-11-27 vom 14.11...	165774		22.015,00 H
				Neuer Kontostand	77.277,57 H

Kontoauszug vom	Auszug	Blatt
14.11...	87	1

Sport Lilly e. K.
Am Stadtplatz 12
84049 Ingolstadt

IBAN DE12 7215 0110 0000 6167 17
BIC COVIDE1LCDF

www.bankhaus-muck.de

Bankhaus Muck Bankhaus Muck Ingolstadt

Buchungs-tag	Tag der Wertstellung	Verwendungszweck	Buchungs-nummer	Alter Kontostand	77.277,57 H
20.11...	20.11...	Joker TV Re. Nr. ..-11-7 vom 14.11...	174410		
20.11...	20.11...	Skischule Leonhardi GmbH Re. Nr. ..-011-1 vom 14.11...	174990		
21.11...	21.11...	Wocheneinnahmen KW 45 Kassenabrechnung ..-11-54 vom 21.11...	179855		23.324,00 H
				Neuer Kontostand	

Sport Lilly e. K.
Am Stadtplatz 12
84049 Ingolstadt

21.11... Kontoauszug vom | 88 Auszug | 1 Blatt

IBAN DE12 7215 0110 0000 6167 17
BIC COVIDE1LCDF

www.bankhaus-muck.de

Bankhaus Muck Bankhaus Muck Ingolstadt

Buchungs-tag	Tag der Wertstellung	Verwendungszweck	Buchungs-nummer	Alter Kontostand	
30.11...	30.11...	Sonnenfall GmbH Re. Nr. AR..-011-45 vom 20.11...	201456		16.279,20 S
30.11...	30.11...	Wocheneinnahmen KW 46 Kassenabrechnung ..-11-78 vom 30.11...	201587		20.075,30 H
				Neuer Kontostand	

Sport Lilly e. K.
Am Stadtplatz 12
84049 Ingolstadt

30.11... Kontoauszug vom | 89 Auszug | 1 Blatt

IBAN DE12 7215 0110 0000 6167 17
BIC COVIDE1LCDF

www.bankhaus-muck.de

8 Erfolgswirksame Geschäftsvorgänge

Die Geschäftstätigkeit eines Unternehmens reduziert sich nicht nur auf den Warenverkehr, sondern es werden zusätzliche ______________________________ generiert, die den Erfolg des Unternehmens beeinflussen.

Aufgabe

1. Für die ersten drei Geschäftsfälle (siehe Kontoauszug) wurde eine Einzugsermächtigung erteilt. Die dazugehörigen Rechnungen wurden noch nicht gebucht.
   Buchen Sie Belege.

Bankhaus Muck
Bankhaus Muck Irgendwo

Buchungstag	Tag der Wertstellung	Verwendungszweck	Buchungsnummer		
				Alter Kontostand	13.500,14 H
04.07.	04.07.	Unternehmensberatung Ohnenot Re. Nr. ..06-221 vom 15.06...	455622		682,15 S
05.07.	05.07.	Kaminkehrer Schlot Re. Nr. ..07-02 vom 02.07...	455854		83,30 S
05.07.	05.07.	Art & Design Werbedruck GmbH Re. Nr. ..06-477 vom 22.06...	457064		1.059,10 S
05.07.	05.07.	Secura Versicherungen AG Beitragsrückerstattung Vers. Nr. 54-405-4001	457064		211,10 H
				Neuer Kontostand	11.886,69 H

Goggi Kartfun GmbH
Hauptstr. 11
83899 Irgendwo

06.07... (Kontoauszug vom) — 74 (Auszug) — 1 (Blatt)

IBAN DE13 7119 1000 0007 7224 25
BIC COVIDE1KXXX

www.bankhaus-muck.de

04.07...

Soll	EUR		Haben	EUR

05.07...

Soll	EUR		Haben	EUR

© Verlag Europa-Lehrmittel

04.07...

Soll	EUR		Haben	EUR

05.07...

Soll	EUR		Haben	EUR

Quittung

Nr. 07/07

Nettobetrag	EUR --65	Ct	00
+ 7 % MwSt.	EUR ---4	Ct	55
Gesamtbetrag	EUR --69	Ct	55

Gesamtbetrag in Worten

Cent wie oben

von Goggi Kartfun GmbH, Irgendwo

für CAD Kompendium

dankend erhalten.

Ort Irgendwo

Datum 08.07..

Buchungsvermerke

Stempel/Unterschrift des Empfängers

BÜCHEREI WURM KG

i. A. Wimmer

Eigenbeleg

Nr.		Ausgaben EUR	Ct
07/45			
Vorgang: Verlust lt. Aufstellung vom 02.07... (Wasserschaden vom 01.07...)		---8.500	00

Empfänger

Anmerkung/Grund

Zerstörung von nicht versicherter Ware

05.07...

Datum

Unterschrift C. Vitus

05.07...

Soll	EUR		Haben	EUR

08.07...

Soll	EUR		Haben	EUR

9 Privateinlagen und Privatentnahmen

Privateinlagen und Privatentnahmen können ausschließlich von Einzelunternehmen und Personengesellschaften (z. B. KG und OHG) getätigt werden. Das Konto ______________ ______________________________ wird direkt von zwei Konten beeinflusst.

____

Werden vom Unternehmer aus dem privaten Vermögen Sach- oder Geldeinlagen geleistet, so sind diese hier zu verbuchen.

____

Entnimmt der Unternehmer für private Zwecke Geld oder Sachleistungen, so sind diese hier gesondert zu verbuchen.

Entnimmt der Unternehmer Waren oder Dienstleistungen für private Zwecke, so ist das Gegenkonto zur Privatentnahme das Konto ________________________________ ________________________________ .

Achtung, Gegenstands- und Leistungsentnahmen sind ________________________ !

Als Wertansatz bei Handelswaren gelten der ________________________________ ________________________ . Im Bereich der eigenen Erzeugnisse stellen die ________________________ die Obergrenze des Wertansatzes dar.

Werden Sacheinlagen getätigt, so sind diese mit den ________________________ ________________________ anzusetzen.

Aufgaben

1. Im Laufe der Zeit haben sich auf dem Schreibtisch von Frau Chorrera nachfolgende Eigenbelege angesammelt. Ihre Vorkontierung soll hier Ordnung schaffen.

		Eigenbeleg	
Nr. ..-02-1		Ausgaben	
		EUR	Ct
Vorgang	Privateinlage	--25.000	00
Empfänger	Goggi Kartfun GmbH		
Anmerkung/Grund	Einlage zur Sicherung der Liquidität		
Datum: 12.02...		Unterschrift: C. Vitus	

12.02...			Soll	Haben

 © Verlag Europa-Lehrmittel

Eigenbeleg

Nr.		Ausgaben	
		EUR	Ct
..-02-2			
Vorgang	Entnahme von	--238	00
	2 Rennhelmen		

Empfänger: Constantin Vitus

Anmerkung/Grund: Private Zwecke

20.02... — Datum

C. Vitus — Unterschrift

20.02...			Soll	Haben

Bankhaus muck Bankhaus Muck Ingolstadt

	Buchungstag	Tag der Wertstellung	Verwendungszweck	Buchungsnummer	Alter Kontostand	1.420,71 H
a)	23.01.	23.01.	Secura AG Lebensversicherung Fr. Chorrera Vers. Nr. 14-88-1001 Prämie 01/.. - 06/..	1876615		290,00 S
b)	23.01.	23.01.	Finanzamt Ingolstadt Einkommenssteuerbescheid ... Fr. Chorrera Steuer Nr. 102/560/2145	1886505		621,14 S
c)	25.01.	25.01.	Bigophone AG (Flatrate: Mobil und Festnetz) Re. v. 15.01... Re. Nr. 987 358 0887	1888825		119,00 S
					Neuer Kontostand	390,57 H

Sport Lilly e. K.
Am Stadtplatz 12
84049 Ingolstadt

Kontoauszug vom 25.01... Auszug 6 Blatt 1

IBAN DE12 7215 0110 0000 6167 17
BIC COVIDE1LCDF

www.bankhaus-muck.de

a)

23.01...			Soll	Haben

b)

23.01...			Soll	Haben

c) *Kleiner Hinweis am Rande...*
Der private Nutzungsanteil für die Leistungen der Bigophone AG beträgt 20 %.

25.01...			Soll	Haben

2. Nachfolgende Eingangsrechnung wurde Sport Lilly e. K. zugestellt.
Bei Frau Chorrera sind der geschäftliche und der private Wohnbereich nur schwer trennbar. Der erneuerte Gartenzaun umfasst auch das Privatgrundstück.
Der Anteil für die betrieblich verursachten Kosten wird laut Herrn Tax, Steuerberater des Unternehmens, auf 60 % festgelegt.
Buchen Sie den Beleg.

 © Verlag Europa-Lehrmittel

Rovina Bau

Rovina Bau GmbH., Irrgarten 4, 84049 Ingolstadt

Sport Lilly e. K
Am Stadtplatz 12
84049 Ingolstadt

Ansprechpartner	Rudi Rovina
Telefon	+49 841 123456-0
Telefax	+49 841 123456-1
E-Mail	info@rovina-bau.de
Kundennummer	297
Lieferscheinnummer	L..-005-19

Rechnung

Rechnungsdatum	28.05...
Rechnungsnummer	AR..-005-19

Sehr geehrte Damen und sehr geehrte Herren,

wir danken Ihnen für Ihren Auftrag und berechnen wie folgt:

Pos.	Beschreibung	Stück	Einzelpreis	Gesamtpreis
1	Gabionenzaun Zaunelement (250 cm x 160 cm)	10	320,00 €	3.200,00 €
2	incl. Füllmaterial (Basalt ø 3,5 mm)	10	2,80 €	28,00 €
			- €	- €
			- €	- €
			Nettobetrag	3.228,00 €
			19 % MwSt.	613,32 €
			Bruttobetrag	3.841,32 €

Zahlungskonditionen:
Innerhalb von 30 Tagen rein netto.

E-Mail
info@rovina-bau.de
Internet
www.rovina-bau.de
Geschäftsführung
Rudi Rovina

Bankverbindung
Bank12 AG, Ingolstadt
IBAN DE12 7215 0209 0005 8529 63
BIC AMERDE1JLLA

Handelsregister
HRB 1988
beim Amtsgericht Ingolstadt
USt.-IdNr. DE 105 02 0547
Steuer-Nr. 102/560/7499

28.05...			Soll	Haben

Kontenabschluss im Privatbereich

Aufgabe

1. Buchen Sie die folgenden Geschäftsfälle in das Grund- und Hauptbuch und schließen Sie die Privatkonten unter Angabe der entsprechenden Buchungssätze ab.

a)

				Soll	Haben
Ein Geschenk für ihren Sohn muss her! Frau Chorrera entnimmt einen der neuen Trainingsanzüge: Verkaufspreis netto 88,20 € Einkaufspreis netto 45,00 €.					

b)

				Soll	Haben
Die Inhaberin von Sport Lilly e. K. bringt ein kleines Grundstück in das Betriebsvermögen ein: Zeitwert 89.000,00 €.					

c)

				Soll	Haben
Oh je, nicht einmal ein Notgroschen im Geldbeutel! Frau Chorrera entnimmt 500,00 € aus der Kasse des Geschäfts.					

d)

				Soll	Haben
Die Stromrechnung in Höhe von 236,00 € wird per Bank überwiesen. Der private Nutzungsanteil beträgt 25 %.					

e)

				Soll	Haben
Der Unternehmerlohn wird als Gewinnvorwegentnahme in Höhe von 3.000,00 € überwiesen.					

 © Verlag Europa-Lehrmittel

S	3000 EK		H
		8000	219.000,00

S	3005 Privatentnahme		H

S	0500 unbebaute Grundstücke		H
…	…	…	…

S	3001 Privateinlage		H

S	5420 Gegenstandsentahme		H
…	…		

S	2800 Bank		H
…	…	…	…

S	4800 USt		H
…	…	…	…

S	2880 Kasse		H
…	…	…	…

S	6050 Aufwand Energie		H
…	…	…	…

S	2600 VSt		H
…	…	…	…

Soll	EUR		Haben	EUR

© Verlag Europa-Lehrmittel

10 Praxisorientiertes Buchen nach Belegen

Lernsituation 16

Da seit der Krankheit von Frau Friesenstein, der Finanzbuchhalterin von Sport Lilly e. K., ziemlich viel unerledigt geblieben ist, klingelt das Telefon bei Ihnen zu Hause und Frau Chorrera bittet Sie inständig um Ihre Aushilfe.
Sie sind etwas perplex, aber auch ziemlich stolz, schon nach einem Jahr „Buchführungspraxis“ als „echte Stütze“ zu gelten und sagen zu.

→ Handlungsauftrag

Bearbeiten Sie das Grundbuch in Excel.

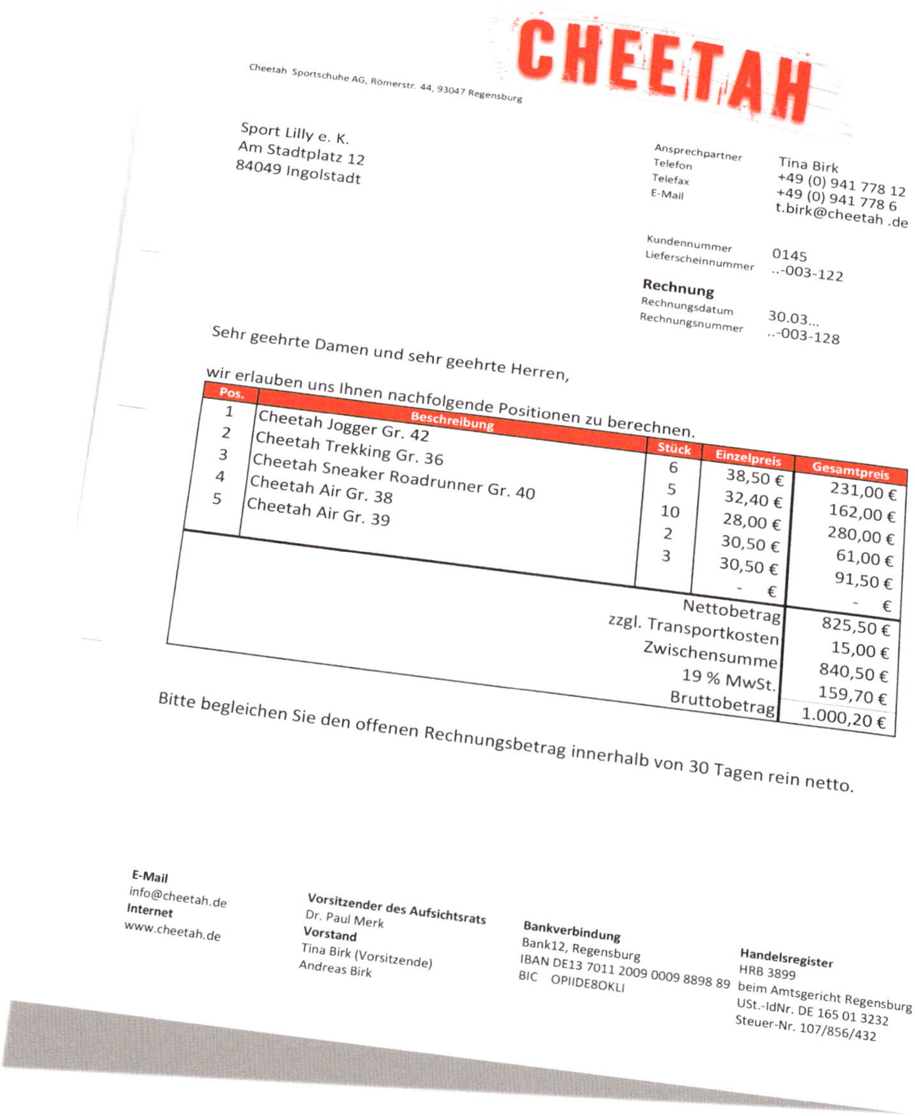

CHEETAH

Cheetah Sportschuhe AG, Römerstr. 44, 93047 Regensburg

Sport Lilly e. K.
Am Stadtplatz 12
84049 Ingolstadt

Ansprechpartner Tina Birk
Telefon +49 (0) 941 778 12
Telefax +49 (0) 941 778 6
E-Mail t.birk@cheetah.de

Kundennummer 0145
Lieferscheinnummer ..-003-122

Rechnung
Rechnungsdatum 30.03...
Rechnungsnummer ..-003-128

Sehr geehrte Damen und sehr geehrte Herren,

wir erlauben uns Ihnen nachfolgende Positionen zu berechnen.

Pos.	Beschreibung	Stück	Einzelpreis	Gesamtpreis
1	Cheetah Jogger Gr. 42	6	38,50 €	231,00 €
2	Cheetah Trekking Gr. 36	5	32,40 €	162,00 €
3	Cheetah Sneaker Roadrunner Gr. 40	10	28,00 €	280,00 €
4	Cheetah Air Gr. 38	2	30,50 €	61,00 €
5	Cheetah Air Gr. 39	3	30,50 €	91,50 €
			- €	- €
			Nettobetrag	825,50 €
			zzgl. Transportkosten	15,00 €
			Zwischensumme	840,50 €
			19 % MwSt.	159,70 €
			Bruttobetrag	1.000,20 €

Bitte begleichen Sie den offenen Rechnungsbetrag innerhalb von 30 Tagen rein netto.

E-Mail info@cheetah.de
Internet www.cheetah.de

Vorsitzender des Aufsichtsrats Dr. Paul Merk
Vorstand Tina Birk (Vorsitzende), Andreas Birk

Bankverbindung Bank12, Regensburg
IBAN DE13 7011 2009 0009 8898 89
BIC OPIIDE8OKLI

Handelsregister HRB 3899 beim Amtsgericht Regensburg
USt.-IdNr. DE 165 01 3232
Steuer-Nr. 107/856/432

© Verlag Europa-Lehrmittel

Sport Lilly

Sport Lilly e. K., Am Stadtplatz 12, 84049 Ingolstadt

FC Manching e. V.
Herrn Manfred Meier
Feisengelder Str. 6
85077 Manching

Ansprechpartner Lilly Chorrera
Telefon +49 841 940105-7
Telefax +49 841 940105-8
E-Mail lc@sport-lilly.de

Kundennummer 240016
Lieferscheinnummer ..-004-33

Rechnung
Rechnungsdatum 02.04...
Rechnungsnummer ..-004-33

Sehr geehrter Herr Meier,

wir erlauben uns Ihnen nachfolgende Positionen zu berechnen.

Pos.	Beschreibung	Stück	Einzelpreis	Gesamtpreis
1	Handball Sling	10	18,00 €	180,00 €
2	Basketball Dunk	12	22,90 €	274,80 €
3	Beach Volleyball Playa	5	12,50 €	62,50 €
4	Speedminton-Set Rapido	10	26,00 €	260,00 €
			- €	- €
			- €	- €
			Nettobetrag	777,30 €
			zzgl. Transportkosten	15,00 €
			Zwischensumme	792,30 €
			19 % MwSt.	150,54 €
			Bruttobetrag	942,84 €

Bitte begleichen Sie den offenen Rechnungsbetrag innerhalb von 30 Tagen rein netto.

E-Mail
info@sport-lilly.de
Internet
www.sport-lilly.de
Inhaberin
Lilly Chorrera

Bankverbindung
Bankhaus Muck, Ingolstadt
IBAN DE12 7215 0110 0000 6167 17
BIC COVIDE1LCDF

Bankverbindung
Bank12 AG, Ingolstadt
IBAN DE12 7215 0209 0005 0123 67
BIC AMERDE1JLLA

Handelsregister
HRA 1005
beim Amtsgericht Ingolstadt
USt.-IdNr. DE 105 01 0303
Steuer-Nr. 102/560/7001

S

Sport Lilly e. K., Am Stadtplatz 12, 84049 Ingolstadt

Fitness Studio Mucki
Herrn Hans Mucki
Waldweg 9
90402 Nürnberg

An
Te
Te
E-Mail: lc@sport-lilly.de

Kundennummer: 240013
Lieferscheinnummer: L..-004-9

Rechnung
Rechnungsdatum: 03.04...
Rechnungsnummer: AR..-004-9

Sehr geehrter Herr Mucki,

wir erlauben uns Ihnen nachfolgende Positionen zu berechnen.

Pos.	Beschreibung	Stück	Einzelpreis	Gesamtpreis
1	Kurzhantelset (10 kg)	10	28,00 €	280,00 €
2	Crosstrainer T 3000	1	1.900,00 €	1.900,00 €
3	Body Vibra Power	2	1.600,00 €	3.200,00 €
4	Hantelbank Trimm	1	250,00 €	250,00 €
			- €	- €
			- €	- €
			Nettobetrag	5.630,00 €
			zzgl. Tranportkosten	62,00 €
			Zwischensumme	5.692,00 €
			19 % MwSt.	1.081,48 €
			Bruttobetrag	6.773,48 €

Bitte begleichen Sie den offenen Rechnungsbetrag innerhalb von 30 Tagen rein netto.

E-Mail
info@sport-lilly.de
Internet
www.sport-lilly.de
Inhaberin
Lilly Chorrera

Bankverbindung
Bankhaus Muck, Ingolstadt
IBAN DE12 7215 0110 0000 6167 17
BIC COVIDE1LCDF

Bankverbindung
Bank12 AG, Ingolstadt
IBAN DE12 7215 0209 0005 0123 67
BIC AMERDE1JLLA

Handelsregister
HRA 1005
beim Amtsgericht Ingolstadt
USt.-IdNr. DE 105 01 0303
Steuer-Nr. 102/560/7001

Sport Lilly

Sport Lilly e. K., Am Stadtplatz 12, 84049 Ingolstadt

TC Schmetterball e. V.
Herrn Hubertus Aufschlag
Am Platz 136
84049 Ingolstadt

Ansprechpartner	Lilly Chorrera
Telefon	+49 841 940105-7
Telefax	+49 841 940105-8
E-Mail	lc@sport-lilly.de
Kundennummer	240012
Lieferscheinnummer	..-004-42

Rechnung

Rechnungsdatum	11.04...
Rechnungsnummer	..-004-42

Sehr geehrter Herr Aufschlag,

wir erlauben uns Ihnen nachfolgende Positionen zu berechnen.

Pos.	Beschreibung	Stück	Einzelpreis	Gesamtpreis
1	Tennis-Trainingsbälle (72 St./Eimer)	3	45,00 €	135,00 €
2	Tenniskorb Caddy	3	17,00 €	51,00 €
3	Markierungskegel	10	2,50 €	25,00 €
			- €	- €
			- €	- €
			Nettobetrag	211,00 €
			abzgl. 10 % Rabatt	21,10 €
			Zwischensumme	189,90 €
			19 % MwSt.	36,08 €
			Bruttobetrag	225,98 €

Bitte begleichen Sie den offenen Rechnungsbetrag innerhalb von 30 Tagen rein netto.

E-Mail
info@sport-lilly.de
Internet
www.sport-lilly.de
Inhaberin
Lilly Chorrera

Bankverbindung
Bankhaus Muck, Ingolstadt
IBAN DE12 7215 0110 0000 6167 17
BIC COVIDE1LCDF

Bankverbindung
Bank12 AG, Ingolstadt
IBAN DE12 7215 0209 0005 0123 67
BIC AMERDE1JLLA

Handelsregister
HRA 1005
beim Amtsgericht Ingolstadt
USt.-IdNr. DE 105 01 0303
Steuer-Nr. 102/560/7001

CompRuter

Empfänger
Sport Lilly e. K.
Am Stadtplatz 12
84049 Ingolstadt

Computermaus UG
Daimler Str. 78
84049 Ingolstadt
Telefon: +49 841 98855-0
Telefax: +49 841 98855-10
E-Mail: info@computermaus.de
USt.-IdNr. DE 155 01 4587
Steuer-Nr. 102/560/8479

Rechnungsdatum: 04.04....
Lieferdatum: 04.04....
Rechnungsnummer: ..-04-12

Anzahl	Artikel	Einzelpreis €	ct	Gesamtpreis €	ct
1	Pear Tower Master	450	00	450	00
1	Tastatur Ergo 2000	45	00	45	00
1	Monitor Pro Line (30 ´´)	100	00	100	00
4	Kopierpapier (500 Blatt)	2	50	10	00
			Rechnungssumme netto	605	00
			+ 19 % MwSt.	114	95
			Rechnungssumme brutto	719	95

Betrag dankend erhalten am Bezahlt am 09.04...
Ian Anderson

© Verlag Europa-Lehrmittel

Quittung

Nr. ../04/126

Nettobetrag	EUR	148	Ct	00
+ 7 % MwSt.	EUR	10	Ct	36
Gesamtbetrag	EUR	158	Ct	36

Cent wie oben

Gesamtbetrag in Worten --einhundertachtundfünfzig--

von Sport Lilly e. K. Frau Chorrera

für Fachliteratur (Social Media Marketing)

dankend erhalten.

Ort Ingolstadt

Datum 10.04...

Stempel/Unterschrift des Empfängers Elli Münchinger

Buchungsvermerke

Eigenbeleg

Nr.		Ausgaben	
..-04-5		EUR	Ct
Vorgang: Entnahme von 1 Paar Inline Skates		-101	15
Empfänger: Frau Chorrera			
Anmerkung/Grund: Privat			

Datum 10.04...

Unterschrift L. Chorrera

Ristorante Lorenzo Fettucini

Ristorante Lorenzo Fettucini
Seestr. 9
83250 Marquartstein

Telefon: +49 8641 123456-0
Telefax: +49 8641 123456-7
USt.-IdNr. DE 12 345 67890
Steuer-Nr. 123/456/7890

Rechnung vom 05.04... 13:40
Beleg-Nr.: ../04/8588

Anschrift des Gastes
Sport Lilly e. K.
Frau Chorrera
Am Stadtplatz 12
84049 Ingolstadt

Tisch Nr. 14
Es bediente Sie Luigi Bernadetti.

Artikel	Preis
2 x 8,90 € Antipasti Fettucini	17,80 €
2 x 12,80 € Carpaccio Roma	25,60 €
1 x 19,40 € Saltimbocca alla Romana	19,40 €
1 x 22,60 € Tempura Rock Shrimps	22,60 €
1 x 25,80 € Coq au Vin Rouge	25,80 €
1 x 20,80 € Lammrücken orientalisch	20,80 €
4 x 4,50 € Espresse freddo	18,00 €
3 x 6,80 € Mineralwasser 1 l	20,40 €
Total	**170,40 €**
Umsatz 19 % excl.	143,19 €
MwSt. 19 %	27,21 €
Bar	**170,40 €**

Anlass der Bewirtung: Verhandlungen mit Werbepartnern

Bewirtete Gäste siehe Rückseite

Vielen Dank für Ihren Besuch.

© Verlag Europa-Lehrmittel

Bankhaus muck   Bankhaus Muck Ingolstadt

Buchungs-tag	Tag der Wertstellung	Verwendungszweck	Buchungs-nummer	Alter Kontostand	51.420,71 H
01.04.	01.04.	Kontoführungsgebühr Abrechnung 31.03...	2331505		35,50 S
03.04.	03.04.	Kinderhilfe e. V. Spendenkonto 4 040 040	2332615		150,00 S
05.04.	05.04.	Golfclub Abschlag e. V. Re. Nr. ..-004-3 vom 01.04...	2335466		461,72 H
				Neuer Kontostand	51.696,93 H

Kontoauszug vom	Auszug	Blatt
05.04...	26	1

Sport Lilly e. K.
Am Stadtplatz 12
84049 Ingolstadt

IBAN DE12 7215 0110 0000 6167 17
BIC COVIDE1LCDF

www.bankhaus-muck.de

Bankhaus muck   Bankhaus Muck Ingolstadt

Buchungs-tag	Tag der Wertstellung	Verwendungszweck	Buchungs-nummer	Alter Kontostand	51.696,93 H
07.04.	07.04.	FC Manching e. V. Re. Nr. ..-004-33 vom 02.04...	2348585		942,84 H
07.04.	07.04.	Cheetah AG Re. Nr. ..-003-128 vom 30.03...	2349601		1.000,20 S
07.04.	07.04.	IHK Jahresbeitrag für Mitgliedschaft Mitgliedsnummer 11-8888-441	2350011		50,00 S
				Neuer Kontostand	51.589,57 H

Kontoauszug vom	Auszug	Blatt
07.04...	27	1

Sport Lilly e. K.
Am Stadtplatz 12
84049 Ingolstadt

IBAN DE12 7215 0110 0000 6167 17
BIC COVIDE1LCDF

www.bankhaus-muck.de

© Verlag Europa-Lehrmittel